ADAC

Paris

W0312748

von Jonas Fieder

10 ADAC Top Tipps

Das müssen Sie gesehen haben! Die zehn Top Tipps bringen Sie zu den absoluten Highlights.

25 ADAC Empfehlungen

Unterwegs gut beraten: Diese 25 ausgesuchten Empfehlungen machen Ihren Urlaub perfekt.

Preise für ein DZ mit Frühstück:
€ | bis 160 €
€€ | bis 250 €
€€€ | ab 250 €

Preise für ein Hauptgericht:
€ | bis 20 €
€€ | bis 25 €
€€€ | ab 25 €

1 Grüne Leidenschaften

Der steinreiche Bankier Albert Kahn erstand 1893 in der Pariser Vorstadt Boulogne-Billancourt ein großes Areal, auf dem er sich vom Landschaftsarchitekten Achille Duchêne einen Traum verwirklichen ließ. Der passionierte Reisende wollte die Gartenkulturen verschiedener Länder realisiert sehen, und so wandelt der Besucher hier heute durch den französischen, den englischen und den japanischen Garten, dem ein kleines Dorf angeschlossen ist. Auch der Spaziergang durch einen Wald der Vogesen lockt. Ein großes Naturerlebnis.

■ Jardins d'Albert Kahn, 2, rue du Port, 92100 Boulogne-Billancourt, Metro 10: Pont de Saint-Cloud, www.albert-kahn.hauts-de-seine.fr

3-mal draußen

2 Oase der Stille

Der berühmteste aller Pariser Friedhöfe, der Cimetière du Père-Lachaise, bietet alles für eine Auszeit abseits des Großstadttrubels. Vor allem in den frühen Morgenstunden ist man hier beinahe alleine und kann gerade im südlichen Teil mit seiner sich den Hügel hinabziehenden Anlage viele stille Plätze entdecken. Die oft wild überwucherten Grabkapellen und jahrhundertealte Bäume fordern Fotografen heraus. Wer die Areale um die berühmtesten Gräber und die ewigen Fans etwa eines Jim Morrison meidet, der findet hier seine Ruhe, zum Glück nicht die letzte … (siehe S. 104).

■ www.pere-lachaise.com

3 Rudern im Schlosspark

Ob Jean-Baptiste Colbert, Minister Ludwigs XIV., sich je hätte träumen lassen, dass auf den Kanälen des Parks um sein feudales Landschloss von Sceaux sich zahlende Besucher heute im Rudern üben? Nur knapp 20 Min. mit der RER (S-Bahn) von St-Michel-Notre-Dame entfernt, zählt Sceaux zu den schönsten Anlagen der Île-de-France. Wer am südlichen Ende des Grand Canal »in See sticht«, wird meist mit einer frischen Brise und schönen Blicken auf die schnurgerade gepflanzten Pappelreihen am Ufer belohnt.

■ Château de Sceaux, 92330 Sceaux, www.domaine-de-sceaux.hauts-de-seine.fr, Vermietung der Boote: April–Okt.

Intro

ADAC Quickfinder

Hier finden Sie die Orte, Sehenswürdigkeiten und Attraktionen, die perfekt zu Ihnen passen.

Unterwegs

Service

Alle wichtigen reisepraktischen Informationen – von der Anreise über Notrufnummern bis hin zu den Zollbestimmungen.

Umschlag:

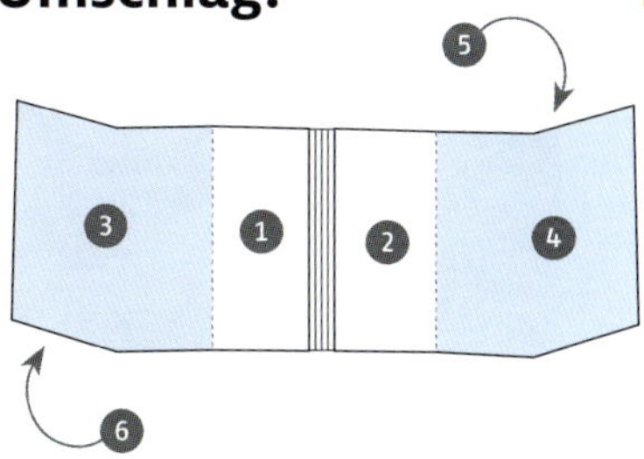

ADAC Top Tipps: Vordere Umschlagklappe, innen 1

ADAC Empfehlungen: Hintere Umschlagklappe, innen 2

Übersichtskarte Innenstadt: Vordere Umschlagklappe, innen 3

Übersichtskarte Stadtgebiet: Hintere Umschlagklappe, innen 4

Verkehrslinienplan: Hintere Umschlagklappe, außen 5

Ein Tag in Paris: Vordere Umschlagklappe, außen 6

Paris ist ein Fest fürs Leben

Davon war Ernest Hemingway überzeugt. Und bis heute wird ihm da wohl kaum einer widersprechen

Sommer in der Stadt: Am Sandstrand an der Seine kann man die Sonne genießen

Paris weckt nicht nur Erwartungen, es erfüllt sie auch. Die heutige Millionenmetropole konnte jahrhundertelang von ihrer Hauptstadtrolle in einem mächtigen Königreich profitieren. Verwöhnt von Mäzenen und ihren begabten Architekten sowie verschont von massiven Kriegszerstörungen bietet Paris ein intaktes, an vielen Stellen prachtvolles und homogenes Stadtbild. So überragen die Türme von Notre-Dame seit Jahrhunderten die Île de la Cité, die größere der beiden Inseln im Herzen von Paris. Für Aufstieg und Reichtum der Stadt sorgte einst die majestätisch durch Paris fließende Seine. Vor allem im Lauf der beiden letzten Jahrhunderte hinterließen Stadtplaner von Baron Haussmann bis Staatspräsident François Mitterrand die deutlichsten Spuren. Doch abseits der Monumente und grandiosen Blickachsen liegt ein ebenso historisch gewachsenes, manchmal fast dörfliches Paris wie etwa der Montmartre auf der Rive Droite.

Am Puls der Grande Nation

Viele Parisbesucher lockt die Fülle an reich bestückten Museen, aus denen der Louvre als weltgrößter Kunsttempel herausragt. Andere denken bei Paris auch sogleich an die prachtvolle Schlossanlage vor den Toren der Stadt, an das Versailles des Sonnenkönigs. Sollte das erste Treffen vielleicht mit dem Erklimmen der obersten Plattform des Eiffelturms beginnen, von wo aus die extreme Dichte der Bebauung, aber auch die herrlichen Parks sichtbar werden? Wer direkt in das mondäne und architektonisch prachtvolle Paris eintauchen möchte, der stelle sich einfach neben den jahrtausendealten Obelisken auf der Place de la Concorde. Egal, in welche Himmelsrichtung der Blick schweift, immer zeigt sich Paris von seiner monumentalen Seite. Nach Westen hin erstrecken sich die schnurgeraden, anfangs noch von Bäumen und Parks gesäumten Champs-Élysées mit dem Arc de Triomphe als Schlussakkord. Im Osten lässt der einstige Schlosspark der Tuilerien in der Ferne den gewaltigen Bau des Louvre durchblicken. Im Norden erscheint die Tempelfront der Madeleine von der schmalen Rue Royale eingerahmt, während im Süden ihr städtebauliches Pendant liegt, die französische Natio-

Stadt der Musen und Museen: im Eingangsbereich des Louvre (unten) und royale Pracht in Versailles (ganz unten)

nalversammlung. Dass sich der Eiffelturm auch noch ins Blickfeld drängt, vervollständigt die grandiose Szenerie. Wer Paris kennenlernen will, der will auch seinen Bewohnern begegnen, und das gelingt am besten zu Fuß. Am Morgen im Viertel um die alte Oper, auf den Grands Boulevards oder den Champs-Élysées herrscht Hektik, denn der Weg der Pariser zu ihrem Arbeitsplatz wird schnellen Schrittes zurückgelegt. Gegen Mittag bilden sich Schlangen vor Bäckereien oder Salatbars. Am späten Nachmittag füllen sich die Cafés und Bistros – jetzt wird ausführlich kommuniziert, nur sicher nicht über den Arbeitsalltag.

> ***Paris ist eigentlich Frankreich. Dieses ist nur die umliegende Gegend von Paris.***
>
> *Heinrich Heine,*
> *deutscher Schriftsteller*

Abseits ausgetretener Pfade

Sicher ist es die exponierte Lage des Hügels Montmartre, die die Touristen in Scharen hier heraufströmen lässt. Dem Trubel entkommt, wer an einem Samstagmorgen auf Entdeckungstour geht und dabei die ausgetretenen Pfade verlässt. Erstaunlich wenige Touristen tummeln sich rund um das Musée de Montmartre in der Rue Cortot, der Rue des Saules oder der Rue de l'Abreuvoir, die sich als überwiegend mit alten Kopfsteinen gepflasterte Straßen dem Gefälle des Hügels anpassen. Hier scheint die Zeit stehen geblieben zu sein, und der (einzige) Pariser Weinberg setzt hier einen ländlichen Akzent.

Porträt gefällig? Auf dem Montmartre sind die Künstler eifrig am Skizzieren …

In der Hauptstadt hat Frankreichs koloniale Vergangenheit natürlich ihre Spuren hinterlassen. Ein buntes Völker- und Sprachengemisch prägt die Pariser Bevölkerung. Es gibt wohl kaum eine fremdländische Küche, die man hier nicht probieren und kein noch so exotisches Gewürz, das man nicht auf einem der vielen Wochenmärkte finden könnte. Auf dem Marché d'Aligre im Pariser Osten kann man sich von dieser Vielfalt überzeugen. Marktstände quellen über vor Gemüse und Obst aus dem Umland. Käse-, Fisch-, Fleisch- oder Brottheken runden das farbenfrohe Spektakel ab. Draußen vor den Toren geht es weiter, wo sich ganze Straßenzüge in eine Art Bazar verwandeln, denn hier gibt es von der Okraschote bis zur Kleiderbürste einfach alles. Paris als »Fest fürs Leben«? Im wahrsten Sinne des Wortes.

Sprachen *Amtssprache ist Französisch, an den Touristen-Hotspots und in den meisten Hotels wird Englisch (aber eher selten Deutsch) verstanden*

Währung *Euro*

Fläche *105 km², das entspricht etwa 25 % der Fläche von Köln*

Einwohner *2,24 Mio., in der Metropolregion leben 12,4 Mio.*

Bevölkerungsdichte *21600 Einw. pro km² – mehr als viermal so viele wie in München, Deutschlands am dichtesten besiedelter Stadt*

Tourismus *Zuletzt wurden in der Stadt jährlich 16,5 Mio. Gäste oder 37,8 Mio. Übernachtungen gezählt*

Religion *70 % Katholiken, 7,5 % Muslime (10 % in der Pariser Metropolregion), 3 % der Franzosen sind Protestanten*

Das lieben alle Pariser *Von ihrem geliebten Baguette verzehren die Hauptstadtbewohner über eine Million – pro Tag! 1800 Pariser Bäckereien sorgen ständig für Nachschub*

Darauf sind die Pariser besonders stolz *Ihre Straßencafés, in denen sie sich ständig zeigen – nicht nur bei schönem Wetter, sondern auch bei frostigen Temperaturen*

Das will ich erleben

Es gibt viele Gründe, nach Paris zu kommen: wegen des Essens, der Kunst, der Mode und nicht zuletzt auch wegen der Liebe. An Museen und Galerien mangelt es wahrlich nicht, auf den vielen bunten Wochenmärkten holt man sich zuerst Appetit und speist dann in einer der klassischen Brasserien. Modeboutiquen laden zum stylischen Shopping ein, Parks und stille Gärten zur Entspannung. Auch die Fans moderner Architektur werden schnell fündig – selbst diejenigen, die sich gerne gruseln, denn die Pariser Unterwelt ist weitläufig. Und zum Flirten gibt es sowieso keinen besseren Platz auf der Welt.

Alte Meister, mutige Impressionisten

Im Louvre könnte man Tage verbringen und hätte doch nicht alles gesehen. Ins Musée d'Orsay geht man schon allein wegen der Impressionisten. Im Garten des Musée Rodin vereinen sich Skulptur und Natur zur kunstvollen Idylle, und dass die weltgrößte Sammlung von Monet-Bildern im Musée Marmottan hängt, ist ein Glücksfall.

Die Hauptstadt der Mode

Wer an Mode denkt, denkt zuerst an Paris. Hemmungslos den berühmtesten Modelabels huldigen lässt sich in den Galeries Lafayette. Ergiebigsten Schaufensterbummel ermöglicht das »Bermudadreieck« um St-Sulpice. Rund um die Champs-Élysées trifft man sogar auf die Stammhäuser der legendären Nobelmarken.

Natur im Großstadtdschungel

Im Jardin des Plantes darf man zwar keine Blümchen pflücken, sich aber in den riesigen Gewächshäusern wie in den Tropen fühlen. Im Bois de Vincennes lässt sich Waldluft atmen, und im Park des Petit Trianon in Versailles ist die Metropole dann plötzlich ganz weit weg.

32

Die Vielfalt der Wochenmärkte

Die Lust zum Kochen kommt schnell, wenn in der Rue Poncelet oder im schicken Marché de Passy die Gemüse- und Fischstände mit ihren Auslagen locken. Die Zeit der berühmten Pariser Markthallen scheint auf dem Marché d'Aligre stehen geblieben zu sein.

69

Spektakuläre Architektur

Elegant geschwungen wirkt das Dach der Canopée, einer gläsernen Wolke gleicht Frank O. Gehrys Fondation Louis Vuitton. Geradlinig türmt sich die Bibliothèque nationale, ein gigantischer Marmorwürfel ist La Grande Arche.

58

Ruhepole zum Entspannen

Ideal für eine ruhige Mittagspause ist der Jardin du Palais Royal. Still und oft einsam sind die Gärten der Maison de Balzac und des Musée de la Vie romantique.

Die Welt der Pariser Brasserien

Sie liegen oft an den schönsten Boulevards, die typischen Brasserien, an der Bastille das Bofinger, im Montparnasse La Coupole oder in St-Germain das Lipp. Meeresfrüchte-Liebhaber kommen da besonders auf ihre Kosten. Der Train Bleu ist auch für seine Dekorationen bekannt.

Zeitgenössische Kunst und Künstler

Immer am Puls der aktuellen Kunstszene(n) ist man im Musée National d'Art moderne. Im Palais de Tokyo werden Künstler sogar direkt vor Ort kreativ. Und rund ums Musée Picasso floriert die Kunst in schicken Galerien.

Geniale Ausblicke

Der Aufstieg in die Kuppel von Sacré-Cœur ist zwar schweißtreibend, aber die Fernsicht ist jede Mühe wert. Tour Montparnasse und Eiffelturm konkurrieren um den schönsten Panoramablick. Man sollte beide besteigen, aber auch die Dachterrasse des Institut du monde arabe.

50

Triumph der Wissenschaften

Im Musée des Arts et Métiers lässt sich der erste Telekommunikations-Satellit bestaunen, während im Panthéon das Foucaultsche Pendel die Erdrotation anschaulich macht. Eine Laserprojektion kosmischer Kollisionen wartet im Planetarium der Cité des Sciences.

30

Unterwelten erforschen

Paris ist sicher oberirdisch am schönsten, aber warum nicht einmal eine Bootsfahrt unter der Place de la Bastille hindurch machen? Beim Abstieg in die Katakomben ist dafür Gruseln angesagt. Im Musée des Égouts steht man sozusagen mit den Füßen in der Pariser Kanalisation.

34

Unterwegs

Willkommen im urbanen Zentrum der Grande Nation: Die Stadt an der Seine bietet ein Fest für alle Sinne und will nicht nur, wie hier der Louvre, gesehen, sondern immer auch erlebt werden

Seine-Inseln und Rive Droite – im Herzen der Stadt

Zwischen Bastille, Concorde und Opéra versammeln sich die berühmtesten Sehenswürdigkeiten von Paris

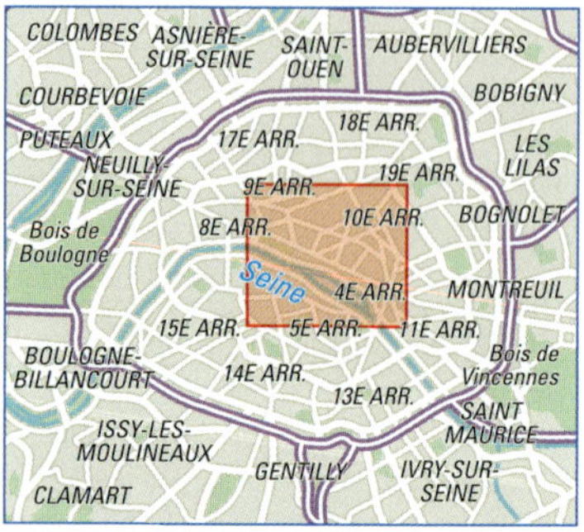

Weltliche wie geistliche Herrscher haben das Herz von Paris mit imposanter Architektur angefüllt. Dennoch ist die Innenstadt heute keineswegs ein Freilichtmuseum. Seinem Image als pulsierende Metropole wird Paris vor allem am rechten Seine-Ufer, der Rive Droite, zwischen Place de la Bastille und Concorde gerecht. Die nahen Seine-Inseln halten sich etwas abseits des Treibens. Am rechten Seine-Ufer ziehen sich die schnurgeraden Rue Saint-Antoine und Rue de Rivoli entlang, gesäumt von Marais- und Hallenviertel und weiter westlich vom Louvre mit den Tuilerien. Wem der chaotische Verkehr und die sich durch Fußgängerzonen schiebenden Menschentrauben wenig ausmachen, der wird sich noch bis ins Opernviertel vorwagen. Doch bei aller Großstadthektik entgehen dem aufmerksamen Flaneur weder die imposanten Straßenfluchten noch die eleganten Plätze und stolzen Adelspalais.

In diesem Kapitel:

ADAC Top Tipps:

1 Sainte-Chapelle
| Kirche |
Reliquienkult: Für die Aufbewahrung der Dornenkrone Christi scheute man keine Kosten. 20

2 Place des Vosges
| Platzanlage |
Der große quadratische Königsplatz im Marais besticht durch das Gleichmaß seiner Hausfassaden und der rundum verlaufenden Arkaden. 26

3 Musée du Louvre
| Museum |
Nirgendwo wird den Künsten so viel Platz eingeräumt wie in diesem Museum. Und nirgendwo macht es so viel Spaß, sich zu verlaufen. 36

4 Musée de L'Orangerie
| Museum |
In zwei ovalen Ausstellungssälen taucht der Besucher ein in die Atmosphäre von Claude Monets berühmten Seerosenbildern. 40

ADAC Empfehlungen:

1 Musée Picasso
| Museum |
Moderne Kunst trifft auf historisches Ambiente. Seit der Wiedereröffnung des Picasso-Museums ist die Symbiose perfekt. 28

2 Centre Georges Pompidou
| Kulturzentrum |
Der zunächst umstrittene Bau gilt heute als ein beeindruckendes Architekturexperiment. 30

3 Champeaux
| Restaurant |
Neben erstklassiger Küche bietet diese »zeitgenössische« Brasserie auch einen schönen Blick auf die Kirche Saint-Eustache. 35

4 Opéra Garnier
| Opernhaus |
Das Paradebeispiel für die Architektur des Kaiserreichs fasziniert heute auch den demokratischen Opern- und Ballettliebhaber. 43

1 Île de la Cité

Grandiose Mittelalterbauten und jede Menge Atmosphäre

Besonders stimmungsvoll: die »blaue Stunde« an der Seine mit Blick auf den Pont Neuf

Information

- Métro 4: Cité; Métro 1, 7, 11, 14: Châtelet, gegenüber am rechten Seine-Ufer
- Parken: Das Parkhaus Notre-Dame ist benutzbar mit der App Parclick (siehe ADAC Mobil, S. 19), Einfahrt Place du Parvis Notre-Dame

Dass der Geistliche Gui de Bazoches bereits im Jahr 1190 ein Loblied auf die Île de la Cité sang, verwundert kaum, hatte man damals doch gerade mit dem Bau der Kathedrale Notre-Dame begonnen. Schon ein Jahrtausend zuvor siedelten hier die Parisii, ein Gallierstamm, nach dem die Stadt später benannt wurde. Auch die ersten französischen Könige fanden Gefallen am Inselleben und bauten sich einen imposanten Palast. Davon übrig blieb nur die Sainte-Chapelle. An der westlichen Inselspitze sitzend, kann man den Sonnenuntergang in Paris besonders stimmungsvoll erleben.

Sehenswert

a Pont Neuf

| Brücke |

Der Name täuscht, denn beim Pont Neuf (frz. »neue Brücke«) handelt es sich um keine neue, sondern um die älteste der Pariser Brücken. Im Jahr

Plan
S. 20

1607 unter Heinrich IV. vollendet, war sie jedoch in ihrer Epoche eine absolute Novität. Zum einen befanden sich auf der »neuen« Brücke keine Häuser. Ungewöhnlich war zum anderen ihre beachtliche, der Anlage von Bürgersteigen geschuldete Breite. Kurz nach der Ermordung Heinrichs IV. ließ seine Frau Maria von Medici ein Reiterstandbild zu seinen Ehren auf der Insel zwischen beiden Brückenhälften errichten, das nach seiner Zerstörung im Jahr 1792 durch eine Kopie ersetzt wurde. Zwei symmetrische Treppenabgänge führen zur Inselspitze hinunter, die ein kleiner Park zierte.

■ Métro 7: Pont-Neuf

b Place Dauphine

| Platz |

Auch der dreieckig angelegte Platz des Thronfolgers (frz. »dauphin«) verdankt seinen Namen Heinrich IV., der hier seinem 1601 geborenen Sohn, dem späteren Ludwig XIII., ein erstes städtebauliches Denkmal setzte. Von der ursprünglichen Fassadengestaltung mit ihren zwei Etagen über einer Arkadenreihe zeugen heute nur noch die beiden dem Reiterstandbild Heinrichs IV. am Pont Neuf gegenüberliegenden Eckbauten aus Backstein mit den sorgsam aus massivem Kalkstein gerahmten Fensterachsen. Mit der Place des Vosges im Marais gehört die Place Dauphine zu den ersten Pariser Königsplätzen (frz. »places royales«).

c Conciergerie

| Museum |

Beim Eintritt in die bis zum Jahr 1914 als Gefängnis dienende Conciergerie

ADAC Mobil

Mit der Park-App **Parclick,** die in vielen europäischen Städten das Parken mit dem eigenen Auto erleichtern soll, lässt sich natürlich auch in Paris der entsprechende Parkplatz finden und im Internet vorbuchen. Besonders praktisch ist die Suche nach einem Parkplatz mit dem GPS-Finder. Hiermit lässt sich der eigene Standort im Großstadtdschungel leicht bestimmen und das nächstgelegene Parkhaus ausfindig machen.

beeindruckt vor allem der über 60 m lange, gewölbte Saal (Salle des Gens-d'Armes) vom Beginn des 14. Jh., an den eine großräumige Küche mit vier gewaltigen Kaminen anschließt. Er stellt neben der benachbarten Sainte-Chapelle den einzigen Überrest mittelalterlicher Architektur dar. Der Rest des heutigen Justizpalastes entstammt dem 19. Jh. In der repräsentativen Salle des Gens d'Armes fanden einst königliche Bankette statt, zwischen 1792 und 1795 tagte hier das Revolutionstribunal. Fast 3000 Personen, unter ihnen Marie-Antoinette, Danton und Robespierre, erwarteten im Gefängnis der Conciergerie ihre Hinrichtung durch die Guillotine. Die komfortableren Einzelzellen zahlungskräftiger Gefangener (1. Stock) wurden ebenso rekonstruiert wie die elende, mit Stroh ausgelegte Massenunterbringung »gewöhnlicher« Insassen am Ende des großen Saales.

■ 2, boulevard du Palais, www.paris-conciergerie.fr, tgl. 9.30–18 Uhr, 11,50 €, bis 26 J. Eintritt frei, Kombiticket mit Sainte-Chapelle 18,50 €

d Sainte-Chapelle

| Kirche |

1 *Hier kam eine wertvolle Reliquie so richtig zur Geltung*

Die schlanke Architektur dieser ehemaligen Palastkapelle Ludwigs IX., fertiggestellt im Jahr 1248, kontrastiert mit den sie umschließenden Baumassen des 19. Jh. In die Unterkapelle dringt kaum Licht von außen. Für ihre farbkräftige Ausmalung ist die Kunstrichtung des 19. Jh. verantwortlich, in der man hemmungslos und mit viel Fantasie Vergangenes rekonstruierte.

Die über eine schmale Wendeltreppe zugängliche Oberkapelle macht einen viel gewaltigeren Eindruck. Hier stellte der König einst die wertvollste aller christlichen Reliquien aus, die Dornenkrone Christi, die er für eine gigantische Summe in Konstantinopel erstanden hatte. Für diese Kostbarkeit wurde

Sainte-Chapelle: Die hohen Buntglasfenster tragen zum lichtdurchfluteten Ambiente bei

ein würdiger Rahmen geschaffen. Rund 700 m² Glasfläche symbolisieren die biblische Erzählung des Alten und Neuen Testaments und schildern auch die Überführung der heiligen Reliquie nach Paris. Ein Großteil dieser funkelnden Meisterwerke ist bis heute im Original erhalten, während auch hier oben die Ausmalung aus dem 19. Jh. stammt. Die Überreste der Dornenkrone befinden sich im Kirchenschatz von Notre-Dame und konnten beim Großbrand 2019 in Sicherheit gebracht werden.

■ 8, boulevard du Palais, www.sainte-chapelle.fr, Okt.–März tgl. 9–17, April–Sept. tgl. 9–19 Uhr (rigorose Sicherheitskontrollen untersagen die Mitnahme jeglicher spitzer Gegenstände!), 11,50 €, bis 26 J. Eintritt frei, Kombiticket mit Conciergerie 18,50 €

e Notre-Dame de Paris

| Kathedrale |

Gotik in Perfektion – schwer beeinträchtigt durch den Brand von April 2019

Anstelle der im Jahr 1163 im Stil der Frühgotik errichteten heutigen Kathedrale standen zuvor bereits mehrere kleinere, aber ebenfalls hochverehrte Kirchenbauten. Orientiert an der in der Mitte des 12. Jh. entstandenen Abteikirche von Saint-Denis, die wegen des hier erstmals realisierten spitzbogigen Kreuzrippengewölbes zu den Gründungsbauten der Gotik zählt, erteilte Bischof Maurice de Sully den Auftrag zu diesem prächtigen Kathedralneubau, der in einem Zeitraum von zwei Jahrhunderten fertiggestellt wurde. Stark in Mitleidenschaft gezogen von den Religionskriegen des 16. Jh. und

Plan S. 20

vor allem der Französischen Revolution war Notre-Dame zu Beginn des 19. Jh. in einem jämmerlichen Zustand. Nicht zuletzt Victor Hugos berühmter historischer Roman »Notre-Dame de Paris« (dt. »Der Glöckner von Notre-Dame«) sorgte für eine neue Wertschätzung des gotischen Bauerbes. Landesweit begannen Restaurierungen. Dass sich die Kathedrale dem Besucher heute wie auf einem Präsentierteller zeigt, ist ebenfalls dem 19. Jh. zu verdanken, das durch Abriss größtenteils mittelalterlicher Altbausubstanz die heutige Freifläche vor der Westfassade schuf.

Eine strenge Symmetrie bestimmt die Fassade, die von zwei flach abgeschlossenen Türmen überragt wird. Die für die Gotik typische Mittelrosette, eine breite Galerie mit überlebensgroßen Königsfiguren und die drei mit unzähligen Skulpturen geschmückten Portale ziehen hier die Blicke auf sich. Während sich das linke Portal dem Leben der Maria und das rechte der Kindheit Christi sowie dem Leben der Anna widmet, dominiert das Mittelportal eine Weltgerichtsdarstellung. Es war vor allem die Königsgalerie, auf die es einst die Revolutionäre und Bilderstürmer abgesehen hatten. Zunächst wohl enthauptet, stürzten alle gekrönten Figuren in die Tiefe und mussten in ruhigeren Zeiten durch Kopien ersetzt werden. Wieder aufgefundene Originalfragmente lassen sich heute im Musée de Cluny (S. 57) bewundern.

Seit dem verheerenden Großbrand vom April 2019 ist die Kathedrale nicht mehr zugänglich. Die komplette Restaurierung soll voraussichtlich bis 2024 abgeschlossen sein, eine Losung, die Präsident Macron ausgegeben hat.

Der Innenraum wirkt zunächst erstaunlich düster, da eine mächtige umlaufende Empore den Lichteinfall verhindert. Notre-Dame wurde zum letzten Emporenbau der Gotik. Die Folgebauten begnügten sich an dieser Stelle mit einem schmalen Laufgang, dem Triforium, wodurch die Fensterflächen größer und der Innenraum heller wurde. Berühmt sind die beiden immens großen Maßwerkrosetten des Querhauses mit in Teilen noch originaler Verglasung. Um das Jahr 1380 wurden die Reliefs der Chorschranken geschaffen, die Szenen aus dem Leben Christi zeigen. Im Kirchenschatz (frz. »trésor«) befindet sich das Reliquiar der Dornenkrone (zu besichtigen an allen Freitagen der Fastenzeit und am Karfreitag).

Der mühsame Aufstieg zu den Kathedraltürmen (422 Stufen!) wird mit einem grandiosen Blick über die gesamte Pariser Innenstadt belohnt. Hier oben bevölkern geflügelte Dämonen (»stryges«) die steinernen Balustraden. Sie sind jedoch größtenteils der Fantasie des großen Mittelalter-Restaurators Viollet-le-Duc im 19. Jh. entsprungen.

Detail der imposanten Westfassade der Kathedrale Notre-Dame vor dem verheerenden Großbrand im April 2019

ADAC Mittendrin

Das Prinzip ist so simpel wie genial: Paris mit einem Einheimischen zu entdecken. Unter dem Titel **»Parisien d'un Jour«**, Pariser für einen Tag, werden Spaziergänge in kleinen Gruppen bis zu sechs Leuten (in mehreren Sprachen, auch für Menschen mit Behinderung) angeboten. Die Touren sind kostenlos, Spenden werden aber gern angenommen.
www.greeters.paris/de

ADAC Mittendrin

Man muss nicht unbedingt Bangkok-Erfahrung haben, um auch Paris aus der Perspektive eines »tuk-tuks« zu entdecken. Solche **Autorikschas** lassen sich wie ein Taxi nutzen oder für eine Sightseeing-Tour reservieren. Komfort und Originalität sind garantiert bei Touren, die für 1 bis 4 Personen für 30 Min. ab 60 € kosten (die Fahrer sprechen fließend Englisch). Zudem werden die Gefährte elektrisch betrieben – gut für die Ökobilanz des Reisenden und der Stadt.
Tel. 06 51 26 90 25, www.tuktukride.com

■ 6, parvis Notre-Dame – Place Jean-Paul II, www.notredamedeparis.fr, nach Großbrand derzeit geschlossen
■ Turmbesteigung wegen Restaurierung voraussichtlich bis 2024 nicht möglich

Restaurants

€€ | Le Caveau du Palais In diesem schicken Lokal widmet man sich vor allem guten Weinen, die von kleinen raffinierten Gerichten begleitet werden. ■ 19, place Dauphine, Tel. 01 43 26 04 28, www.caveaudupalais.fr, tgl. 12–14.30 und 19–22 Uhr, Plan S. 20 a1

2 Île Saint-Louis

Stille Insel mitten in Paris, ideal für Spaziergänge entlang des Ufers

■ Métro 7: Pont Marie, gegenüber am rechten Seine-Ufer

Lang ist die Liste der Persönlichkeiten, die die kleine Insel einst bewohnten oder noch heute hier residieren. Häufig mit »L'Île des palais«, »Insel der Paläste« tituliert, entstanden hier die meisten Stadtpalais im 17. Jh. Plaketten erinnern an frühere Bewohner wie Molière, Charles Baudelaire, Camille Claudel oder Louis de Funès. Louis le Vau, einer der Architekten des Versailler Schlosses, errichtete im Auftrag des Sekretärs Ludwigs XIII., Jean-Baptiste Lambert de Thorigny, 1641 an der Ostspitze der Insel das wohl prachtvollste Hôtel der Île Saint-Louis. Vor einigen Jahren ging das ehrwürdige Hôtel in den Besitz des Emirs von Qatar über, bei dessen Sanierungsarbeiten ein verheerendes Feuer ausbrach, das große Schäden verursachte. Ein Spaziergang direkt an den Seine-Ufern entlang unterhalb von Quai d'Anjou, de Bourbon und d'Orléans bietet fantastische Ausblicke. Die kleine Place Louis d'Aragon an der Westspitze der Insel gehört zu den ruhigsten Orten in Paris.

Sehenswert

Église Saint-Louis-en-l'Île

| Kirche |

In der einzigen mit Geschäften belebten Straße der Île Saint-Louis liegt die ab 1644 entstandene Kirche Saint-Louis- en-l'Île. Sie ist schon von Weitem sichtbar durch ihre wie ein Ladenschild im rechten Winkel zur Fassade ausgerichteten Uhr. Im Innern, das im klassischen Stil des Grand Siècle Ludwigs XIV. errichtet wurde, lassen sich großformatige Meisterwerke des 18. Jh. entdecken, die religiöse Themen zeigen. Kleine, auf Holz gemalte Christusszenen stammen aus der Rheinischen Schule vom Beginn des 16. Jh.
■ 19, rue Saint-Louis-en-l'Île, Mo–Sa 9.30–13 und 14–19.30, So 9–13 und 14–19 Uhr

Restaurants

€€ | Berthillon Eine weit über die Ufer der Île Saint-Louis hinaus bekannte Adresse, denn hier wird Kult mit Eis und vor allem mit Sorbet betrieben, was dem Familienunternehmen sehr erfolgreich gelingt. ■ 29–31, rue Saint-Louis-en-l'Île, Tel. 01 43 54 31 61, www.berthillon.fr, Mi–So 10–20 Uhr

3 Place de la Bastille

Wo einst die Bastille stand, braust heute der Verkehr durch Frankreichs Kapitale

■ Métro 1, 5, 8: Bastille

Von der Bastille, einst Bastion in der Pariser Stadtmauer und Symbol der am 14. Juli 1789 ausgebrochenen Französischen Revolution, ist heute nichts mehr übrig geblieben. Lediglich im Straßenpflaster erscheinen ihre Umrisse eingeschrieben. Darin schmachteten weltberühmte Gefangene wie der Marquis de Sade oder Voltaire. Neben dem gigantischen Opernbau der Bastille hat sich zwischen Rue de la Roquette, Rue de la Lappe und Rue Faubourg Saint-Antoine eines der beliebtesten Pariser Ausgehviertel mit ungezählten Bars, Bistros und Clubs etabliert.

Sehenswert

Opéra Bastille

| Opernhaus |

Zur 200-Jahr-Feier der Französischen Revolution ließ François Mitterrand ein Opernhaus entstehen, dessen gewaltiger Bau sich wie ein Schiffsrumpf an den Platz heranschiebt. Bekannt für seine ausgezeichnete Akustik, bietet der große Saal im Inneren des Baus 2700 Zuschauern Platz. Wer der Opernfront an der Rue de Lyon folgt, trifft bald auf das alte Gleis-Viadukt des einstigen Bastille-Bahnhofs, das sich heute als begrünte Promenade größter Beliebtheit erfreut.

■ Place de la Bastille, www.operadeparis.fr, »La coulée verte«, Mo–Fr ab 8, Sa, So ab 9 Uhr bis Sonnenuntergang zugänglich

Rund um die Place de la Bastille pulsiert das Leben: Savoir-vivre à la parisienne

Colonne de Juillet

| Säule |

In der Platzmitte streckt auf der Juli-Säule der geflügelte Genius eine Fackel als Zeichen der Freiheit empor. 1833 wurde die Errichtung der Säule für das Gedenken an die bei der Revolution am 27., 28. und 29. Juli 1830 Getöteten beschlossen. Ihre Namen stehen in goldenen Buchstaben im Säulenschaft.

Restaurants

€€ | **Brasserie Bofinger** Hier erwartet den Gast die klassische Brasserie-Küche im Ambiente der Belle Époque. ■ 5–7, rue de la Bastille, Tel. 01 42 72 87 82, www.bofingerparis.com, Mo–Sa 12–15, 18.30–24, So bis 23 Uhr

Erlebnisse

Im Boot unter der Place de la Bastille: Zwischen Port de l'Arsenal und dem Pariser Norden geht es gut 2 km unter dem Boulevard Richard Lenoir hindurch und oberirdisch durch Schleusen auf dem Canal Saint-Martin. ■ Tel. 01 42 39 15 00, www.canauxrama.com, 20 €, bis 12 J. 10 €, ab Port de l'Arsenal 9.45, 14.30 Uhr: gegenüber 50, boulevard de la Bastille, Métro 1, 5, 8: Bastille; ab Bassin de la Villette 9.45, 14.45 Uhr: 13, quai de la Loire, Métro 2, 5: Jaurès

4 Place des Vosges

2 *Adel im Quadrat – der schönste der Pariser Königsplätze*

■ Métro 1, 5, 8: Bastille

Die Entstehungsgeschichte des Platzes ist mit einem tragischen Ereignis verknüpft. An seiner Stelle stand Ende des 16. Jh. eine königliche Residenz. Bei einem Reiterturnier kam dort König Heinrich II. zu Tode. Daraufhin ließ Königin Katharina von Medici die Residenz niederreißen. Auf der entstandenen Freifläche veranlasste Heinrich IV. im Jahr 1610 die Bebauung mit einheitlichen Ziegelstein-Fassaden. 1614 waren die 36 Pavillons fertiggestellt. Durchgängige Arkaden verbinden die Palais.

Sehenswert

Maison de Victor Hugo

| Museum |

Zwischen den Jahren 1832 und 1848 bewohnte der Autor Victor Hugo die 2. Etage des Hôtel de Rohan-Guémené in der südöstlichen Ecke des Platzes. Wenige Jahre später musste er Frank-

reich aus politischen Gründen verlassen. Aus seinem Exil auf den britischen Kanalinseln kehrte er erst 1871 wieder nach Paris zurück. Das dem Schriftsteller gewidmete Museum bewahrt neben dem literarischen Werk auch Tuschezeichnungen sowie weitere Kunstwerke aus seiner Hand.

■ 6, place des Vosges, www.maisonsvictorhugo.paris.fr, Di–So 10–18 Uhr, Eintritt frei

Hôtel de Sully

| Palais |

Das prächtige, ab dem Jahr 1624 erbaute Palais ging 1634 in den Besitz des früheren Finanzministers unter Heinrich IV. – Maximilian von Béthune, Herzog von Sully – über. Das Innere kann nicht besichtigt werden, aber von der Place des Vosges führt ein Durchgang direkt in den großzügigen Garten. Die Fassaden der Garten- und Ehrenhofseite sind mit Reliefs dekoriert, die die vier Jahreszeiten und die vier Elemente darstellen.

■ Métro 1: Saint-Paul, 62, rue Saint-Antoine, www.hotel-de-sully.fr, Zugang zu Hof, Garten und Durchgang zur Place des Vosges tgl. 9–19 Uhr, hervorragende Buchhandlung Di–So 13–19 Uhr

Restaurants

€ | L'Arsenal Hier handelt es sich um ein typisches Pariser Eckbistro mit einigen Tische davor, an denen gut gelaunte Kellner deftige Küchengenüsse aus der Auvergne servieren. ■ 2, rue de Birague, Tel. 01 42 74 45 77, 7–23 Uhr

Place des Vosges: heute eine der teuersten Wohnadressen der Stadt

5 Musée Carnavalet

Pariser Stadtgeschichte, präsentiert in prachtvollem Adelspalais

■ Métro 1: Saint-Paul, 16, rue des Francs-Bourgeois, www.carnavalet.paris.fr, Di–So 10–18 Uhr, Eintritt frei (außer bei Wechselausstellungen)

Mitte des 16. Jh. entstand das Stadtpalais des bretonischen Edelmanns François de Kernevenoy. Für die feine Pariser Gesellschaft war sein Name wohl unaussprechlich, deshalb wurde daraus Carnavalet. Das schmucke Renaissancepalais bewohnte dann später Madame de Sévigné bis zu ihrem Tod am 17. April 1696. Im Jahr 1866 übernahm die Stadt das Gebäude und brachte hier ihre historischen Sammlungen in einem Museum unter. Die Fassade zur Rue de Sévigné zeigt einen Renaissanceeingang mit den Allegorien der Wachsamkeit und der Stärke. Im ersten Hof steht die einzige bronzene Statue Ludwigs XIV., die nicht von den Revolutionären eingeschmolzen wurde. Die Sammlung im Inneren dokumentiert die Pariser Stadtgeschichte von der gallorömischen Epoche bis heute. Aufschlussreich sind die gemalten Stadtansichten, doch vor allem faszinieren die gesammelten Zeugnisse, Modelle, Skizzen, Miniaturen und Objekte aus der Revolutionszeit. Vom Kunstgeschmack des 19. Jh. zeugen die mondänen Porträts eleganter Pariserinnen und die schwülstige Originaleinrichtung des Juweliers Fouquet aus der Belle Époque. Die Rekonstruktion des Schlafzimmer von Marcel Proust reiht sich nahtlos ein.

ADAC Spartipp

Mit dem **Museumspass,** der den Eintritt in mehr als 60 Museen in Paris und Umgebung (außer Sonderausstellungen) für 2, 4 oder 6 Tage bietet, lässt sich Geld sparen. Für 52, 66 oder 78 € kann man Museen und Denkmäler wie Villa Savoye, Basilique de St-Denis oder Versailles besuchen (der Aufstieg auf den Eiffelturm ist aber nicht dabei). Man erhält den Pass in den Museen selbst oder im Haupttourismusamt (Office du Tourisme). Mindestens 10 Tage vor der Reise kann man ihn auch im Internet unter www.fnac.com bestellen.
www.parismuseumpass.fr
www.parisinfo.com

Einkaufen

Aristocrazy Fantasievolle Schmuckkreationen, die bisweilen an die großen und sündhaft teuren Marken wie Bulgari erinnern - aber hier erschwinglich bleiben. ■ 19, rue des Francs Bourgeois, Tel. 0142 74 08 11, Mo–Sa 10.30–19 Uhr

6 Musée Picasso

1 *Hier kommen die Liebhaber von Picassos Werk auf ihre Kosten*

■ Métro 1: Saint-Paul, Métro 5: Saint-Sébastien-Froissart, 5, rue de Thorigny, www.museepicassoparis.fr, Di–Fr 10.30–18, Sa, So 9.30–18 Uhr, 14 €, erm. 11 €, bis 26 J. und 1. So im Monat Eintritt frei

Das im 17. Jh. entstandene Palais des königlichen Salzsteuereintreibers gehörte zu den größten des Marais. Die etwa 5000 Arbeiten und ein Archiv mit Zehntausenden weiteren Objekten umfassende Sammlung des heute darin untergebrachten Picasso-Museums basiert auf zwei Schenkungen der (sich dadurch die Erbschaftssteuer sparenden) Familie des Künstlers und präsentiert auf vier Etagen die ganze Bandbreite seines vielseitigen Schaffens. Dass Picasso auch selbst ein passionierter Kunstsammler war, belegen hier ebenfalls zu sehende Werke von Malern wie Cézanne, Matisse, Renoir, Braque und Mirò, aber auch afrikanische Masken und rituelle Gegenstände, die sich einst in seinem Besitz befanden.

Restaurants

€ | Glou Das stilvolle Bistro bietet mittags auch Portionen für den kleinen Hunger. Herrlicher Panoramablick auf das Picasso-Museum vom 1. Stock aus. ■ 101, rue Vieille du Temple, www.glou-resto.com, Tel. 01 42 74 44 32, tgl. 10–1 Uhr

Einkaufen

Galerienhopping rund ums Musée Picasso Vielleicht wirkte die Anwesenheit der Werke des großen Meisters inspirierend, denn um das Musée Picasso herum haben sich viele namhafte Galerien für zeitgenössische Kunst angesiedelt, allen voran die international bekannte Galerie Thaddeus Ropac. Hier hält sich auf dem Laufenden, wer über aktuellste Kunstströmungen mitdiskutieren und vielleicht sogar investieren will. ■ Galerie Thaddeus Ropac, 7, rue Debelleyme, www.ropac.net, Di–Sa 10–19 Uhr; Galerie Perrotin, 76, rue de Turenne, www.perrotin.com, Di–Sa 11–18 Uhr; Galerie Thuillier, 13, rue de Thorigny, www.galeriethuillier.com, Di–Sa 13–19 Uhr

Das Musée Picasso birgt die größte öffentliche Sammlung des Künstlers

7 Musée d'Art et d'Histoire du Judaïsme

Jüdische Kunst und Geschichte in einem historischen Adelspalais

■ Métro 11: Rambuteau, 71, rue du Temple, www.mahj.org, Di–Fr 11–18, Sa, So 10–19 Uhr, 10 €, erm. 7 €, bis 26 J. Eintritt frei

Mitte des 17. Jh. errichtet, beherbergt das noble Hôtel de Saint-Aignan nach umfassender Restaurierung seit dem Jahr 1998 das Musée d'Art et d'Histoire du Judaïsme, das jüdische Museum von Paris. Seit dem Ende des 18. Jh. spielte sich im Marais-Viertel jüdisches Leben vor allem in der nahen Rue des Rosiers ab. Aschkenasische Juden lebten im jiddischen »Pletzl« bis zum

Centre Pompidou: einst verspottet, heute ein Klassiker der modernen Architektur

Holocaust. Nach dem Zweiten Weltkrieg etablierte sich vor allem mit der Ankunft sephardischer Juden aus dem Maghreb erneut eine jüdische Gemeinde. Das Museum stellt jedoch nicht die Religion in den Mittelpunkt, sondern die jüdische Zivilisation mit ihrer Kunst und Kultur.

8 Musée des Arts et Métiers

Nationales Wissenschaftsmuseum in einer romantischen Klosteranlage

■ Métro 3, 11: Arts et Métiers, 292, rue Saint-Martin, www.arts-et-metiers.net, Di–So 10–18, Fr 10–21 Uhr, 8 €, erm. 5,50 €, bis 26 J. und am 1. So im Monat und Fr 18–21 Uhr Eintritt frei

Im Jahr 1794 gegründet, wurde dem Conservatoire national des arts et métiers (CNAM) als bis heute international renommierter technisch-naturwissenschaftlicher Hochschule 1802 auch ein Museum angeschlossen, das sich der Technikgeschichte widmet. Wissenschaftliche Instrumente wie ein Astrolabium des 16. Jh. oder Blaise Pascals erste Rechenmaschine von 1642 sind ebenso zu bestaunen wie die revolutionäre Webmaschine des Joseph-Marie Jacquard von 1805. Die Erfindungen der Fotografie, des Telegrafen, des Telefons und des Fernsehens werden ebenso thematisiert wie zuvor die Erfindung der ersten Dampfmaschine durch Denis Papin im Jahr 1690. Auch die ersten Lokomotiven und Fluggeräte sowie der erste mit Benzin betriebene Peugeot gehören zu den Exponaten. Ein besonderes Erlebnis ist der Besuch der in das Museum integrierten romanischen Abteikirche von Saint-Martin-des-Champs. Den während der Revolution säkularisierten Bau charakterisiert ein weitläufiger Chor aus dem 12. Jh., in dem ein Foucaultsches Pendel installiert wurde – benannt nach dem Pariser Physiker Léon Foucault, der damit 1851 erstmals einen anschaulichen Nachweis für die Erdrotation liefern konnte.

9 Centre Georges Pompidou

2 *Das Paradebeispiel unter den französischen Kulturzentren*

■ Métro 11: Rambuteau, Place Georges Pompidou, www.centrepompidou.fr, Fr–Mo, Mi 11–22, Do 11–23 Uhr

■ Parkhaus Rivoli-Sébastopol, Einfahrt 5, rue Pernelle

Die noch immer recht gewagt wirkende Konstruktion der Architekten Richard Rogers und Renzo Piano mit ihrem weißen Metallgerüst, in das die Etagen eingehängt wurden, gehört längst zu den Klassikern der modernen Architektur. Farblich sortiert durchziehen Versorgungsleitungen die Konstruktion wie Adern einen Körper: Die Luft zirkuliert in blauen, das Wasser in grünen, die Elektrizität in gelben Röhren. Frühe Kritiker erinnerte das Pompidou eher an eine Raffinerie. Heute beherbergt es neben dem nationalen Museum für moderne Kunst, einer öffentlichen Bibliothek, einer Designboutique und einer Kunstbuchhandlung sowie einem Kino auch Cafés und ein Restaurant auf der obersten Etage. Phänomenale Ausblicke über Paris bieten sich von den Rolltreppen (frz. »escalators«), die mit einem Eintrittsticket für das Museum oder mit dem Ticket »Vue de Paris« benutzt werden können.

Sehenswert

Musée National d'Art Moderne (MNAM)

| Museum |

Hauptakteur in dieser Kulturfabrik ist das mit über 100 000 Werken reich bestückte Nationalmuseum für moderne Kunst. Seinen Spitzenplatz in Europa sicherte es sich durch Schenkungen, die der französische Staat seit 1947 von Künstlern wie Fernand Léger, Pablo Picasso oder deren Erben erhielt. Auch Robert und Sonia Delaunay, Marc Chagall und Wassily Kandinsky steuerten seit dem Einzug des Museums ins Centre Pompidou (1977) Werke bei. Im 5. Stock des Centre (»niveau 5«) beginnt die Entdeckungsreise durch die Sammlung – in chronologischer Abfolge der Kunstströmungen von 1905 und 1960, vom Fauvismus (Matisse, Derain), Kubismus (Picasso, Léger, Braque), Dadaismus (Duchamp, Picabia) zum Surrealismus (De Chirico, Breton, Balthus). Abstrakte Künstler wie Delaunay oder Mondrian werden ebenso thematisiert wie die Nachkriegsavantgarde eines Jean Dubuffet und das Action Painting von Jackson Pollock.
Im 4. Stock (»niveau 4«) dreht sich alles um die Interaktion der Künstler mit ihrer Epoche (von 1960 bis heute). Die Kunst des Neuen Realismus (»nouveau réalisme«) eines Arman oder Yves Klein kontrastiert mit Pop und Minimal Art, auf die als weitere Strömungen Konzeptkunst und Land Art folg(t)en.
Vor dem Centre wurde von Renzo Piano das Atelier des Bildhauers Constantin Brâncuşi rekonstruiert, wie er es bis zu seinem Tod im März 1957 im 15. Pariser Arrondissement bewohnt und sukzessive mit seinen eigenen Arbeiten angefüllt hatte (Mi–Mo 14–18 Uhr).

■ Mi–Mo 11–22, Do 11–23 Uhr,
Museum 15 €, erm. 11 €, bis 26 J. und
1. So im Monat Eintritt frei

ADAC Mobil

Wer wollte nicht immer schon mal an Bord der legendären »Ente«, des 2CV von Citroën, Paris entdecken? **Paris Authentic** macht es möglich. Zu zweit oder auch zu dritt wird man hier von einem ortskundigen Fahrer über das Pariser Straßenpflaster geschaukelt. Die Preise variieren je nach Länge der Fahrten (zwischen 2 Std. und einem ganzen Tag).
Zu zweit im Auto ab 99 €/Person,
zu dritt ab 73 €/Person
www.parisauthentic.com/de

Restaurants

€€ | Ambassade d'Auvergne Deftig-kräftig zu geht es in der (kulinarischen) »Botschaft der Auvergne«, mit viel Käse, Kartoffeln und Schweinefleisch. Spezialität ist »aligot«, ein herzhaftes Kartoffelpüree mit Käse. ■ 22, rue du Grenier-Saint-Lazare, www.ambassade-auvergne.com, Tel. 01 42 72 31 22, tgl. 12–14, Mo–Do auch 19.30–22, Fr, Sa auch 19–22, So auch 19–21.30 Uhr

€€ | Georges Mit amorphen Formen aus Aluminium spektakulär designtes Restaurant mit Blick auf ganz Paris und zeitgenössischer Bistroküche. ■ Im Centre Pompidou (»niveau 6«), Tel. 01 44 78 47 99, restaurantgeorgesparis.com, Mi–Mo 12–2 Uhr

10 Fondation Henri Cartier-Bresson

Private Stiftung zum Werk des berühmten französischen Fotografen

■ Métro 3, 11: Arts et Métiers; 79, rue de Archives, www.henricartierbresson.org, Di–So 11–19 Uhr, 9 € erm. 5 €

ADAC Spartipp

Einmal in der Woche, immer Fr um 21.30 Uhr, und jeden 3. So im Monat um 10.30 Uhr startet vor dem Rathaus (Hôtel de Ville) eine knapp zweistündige Fahrradtour durch Paris. **Paris Rando Velo** organisiert sie gratis und ohne Voranmeldung, aber nur bei guten Wetterverhältnissen, und das Fahrrad muss man selbst mitbringen (Fahrradverleih z. B. bei Paris à vélo. *www.parisrandovelo.fr*

Mit seiner Leica hat Henri Cartier-Bresson Menschen – immer auf der Suche nach dem entscheidenden Augenblick – auf seinen zahlreichen Reisen fotografiert, vor allem aber das Leben in Paris im 20. Jh. in meisterhaften Fotos festgehalten. Viele davon wurden zu Klassikern des Mediums. Der Gründer der berühmten Fotoagentur Magnum starb 2004 als 104-Jähriger in Paris, wo er ein Jahr vor seinem Tod diese Stiftung gründete, die nun sein riesiges Fotoarchiv und das seiner belgischen Frau Martine Franck, ebenfalls eine exzellente Fotografin, mit Ausstellungen und Kolloquien dem Publikum zugänglich macht.

11 Hôtel de Ville

Ein überdimensioniertes Neorenaissance-Rathaus für das Stadtoberhaupt

■ Métro 1, 11: Hôtel de Ville; 29, rue de Rivoli, www.paris.fr
■ Parkhaus Hôtel de Ville, Einfahrt 3, rue de la Tâcherie

Der heutige Rathausvorplatz entstand an einem abschüssigen Kiesstrand (frz. »grève«), der bereits während des Mittelalters Handelsschiffen die Anlandung erlaubte, um ihre Waren zu löschen. Die Seine-Schiffer und Pariser Händler etablierten hier eine erste kommunale Vertretung, die ihren Sitz im gotischen Vorgängerbau des heutigen Rathauses hatte. Der italienische Architekt Domenico da Cortona schuf um 1540 einen repräsentativen Neubau im Stil der Loireschlösser, der jedoch beim Aufstand der Kommune 1871 abbrannte. Die Rekonstruktion dieses Baus schmückt heute wieder eine Vielzahl von Statuen. 30 französi-

Seit dem Jahr 1357 tagt der Stadtrat an der heutigen Place de l'Hôtel de Ville

sche Städte sind hier ebenso symbolisiert wie über 100 historische Persönlichkeiten aus Kunst, Wissenschaft und Politik, die einst in Paris geboren wurden. Im Innern des Rathauses erinnern patriotische Freskenzyklen in den verschiedenen Salons an die Sternstunden der französischen Republik. Der offizielle Zeremonien- und Festsaal kann sich durchaus mit der Spiegelgalerie in Versailles messen.

12 Place du Châtelet

Zwei renommierte Theater anstelle der alten düsteren Festung (frz. Châtelet)

■ Métro 1, 4, 7, 11, 14: Châtelet–Les Halles

Der ständig von Autoverkehr umtoste Platz erinnert an den Standort einer mittelalterlichen Festung, die Anfang des 19. Jh. niedergerissen wurde, nachdem sie mehrere Jahrhunderte lang auch als Gefängnis gedient hatte. An ihrer Stelle ließ Napoleon im Jahr 1806 eine von einer vergoldeten Siegesgöttin bekrönte Säule errichten, die seine militärischen Triumphe verkörpern sollte. Den Platz rahmen zwei renommierte Theater ein. Im Théâtre du Châtelet auf der Westseite dirigierten schon Tschaikowski und Richard Strauss, auch Diaghilews Ballets Russes zeigten ihre Kunst. Zudem wird hier jedes Jahr der französische Filmpreis »César« vergeben. Gegenüber liegt das Théâtre de la Ville, das einst dem legendären Bühnenstar Sarah Bernhardt gehörte.

Sehenswert

Tour Saint-Jacques
| Kirchturm |
Ein wenig verlassen ragt der spätgotische Kirchturm inmitten einer Grünanlage in den Pariser Himmel. Er ist der einzige Überrest eines Kirchenbaus des frühen 16. Jh., der die Revolutionswirren überstand. Das frühere Gotteshaus

Unterirdisches Einkaufszentrum und Nahverkehrsknotenpunkt: Forum des Halles

gehörte der Metzgerzunft des nahen Hallenviertels. Auf seiner Spitze steht heute noch der Apostel Jakobus umringt von den vier Evangelistensymbolen. Bis zum Ende des 20. Jh. diente der Turm als Wetterbeobachtungsstation.

13 Forum des Halles

Ein modernes Einkaufszentrum über dem historischen »Bauch der Stadt«

■ Métro 4: Les Halles; Eingänge Rue Pierre-Lescot, Rue Berger, Rue Rambuteau, www.forumdeshalles.com, 10–20.30 Uhr
■ Parkhaus Les Halles–Saint-Eustache, Einfahrt Rue des Halles

Die Architektur der späten 1970er-Jahre, die die von Émile Zola als »Bauch der Stadt« literarisch verewigten Pariser Markthallen von 1851 ersetzte, glänzte nicht gerade durch Originalität und alterte schlecht. So beschloss die Stadt einen Neubau: Seit 2016 werden das unterirdische Einkaufszentrum und der größte Pariser Nahverkehrsknotenpunkt Châtelet–Les Halles von einer rund 7000 t schweren, dennoch luftig wirkenden Stahl-Glas-Konstruktion (»La Canopée«) überdacht. Die daran anschließende Parkanlage gibt den Blick frei auf die Kirche Saint-Eustache.

ADAC Mobil

Mit **Vélib'** stehen an knapp 1400 Verleihstationen (Paris mit Vorstadt) ca. 20 000 moderne Fahrräder zur Verfügung. Der preisgünstige Service (5 € für 1 Tag, 10 € für 3 Tage) ist für kurze Ausleihzeiten gedacht. Die ersten 30 Min. sind kostenlos, die nächsten 30 Min. kosten jeweils 1 €. E-Bikes kosten 2 € für die ersten 45 Min., danach 2 €. *www.velib-metropole.fr*

Sehenswert

Pinault Collection

| Kunstsammlung |

Der Kunstsammler und Großunternehmer François Pinault hat in einem halben Jahrhundert eine große Sammlung zeitgenössischer Kunst zusammengetragen. Nach langen Querelen mit der Stadt Paris (Pinault zeigt Werke auch im Palazzo Grassi in Venedig) konnten im Mai 2021 Teile seiner Sammlung in die alte Bourse de Commerce einziehen, nachdem der Bau aus dem 19. Jh. vom japanischen Stararchitekten Tadao Andō neu gestaltet wurde.

■ Metro 1, 4: Louvre–Rivoli bzw. Les Halles, 2, Rue de Viarmes, www.pinaultcollection.com, So–Mo 11–19, Fr bis 21 Uhr, 14 €, erm. 10 €

Église Saint-Eustache

| Kirche |

Die Mitte des 16. Jh. begonnene Kirche erreicht beinahe die Ausmaße von Notre-Dame. Auch im Innern erinnert sie an das große gotische Vorbild. In Saint-Eustache, einem Renaissancebau, fand die Gotik ihren letzten Nachklang in Paris. Es waren die Markthändler, die zu ihrer Errichtung den Auftrag gaben. Ihre Fassade sollte unvollendet bleiben und wurde im 18. Jh. rekonstruiert. Berühmt ist die Kirche für ihre imposante Orgel. Das Grabmonument des Finanzministers unter Ludwig XIV., Jean-Baptiste Colbert, schuf der Barockbildhauer Antoine Coysevox.

■ Rue Rambuteau, www.saint-eustache.org, Mo–Fr 10–18.30, Sa, So bis 19 Uhr

Restaurants

3 **€€ | Champeaux** Diese Brasserie ist nach dem ersten Marktplatz des 12. Jh. benannt. Sie will in modernem Ambiente kulinarische Traditionen neu gestalten, was auch gut gelingt.

■ La Canopée, Porte Rambuteau, Tel. 01 53 45 84 50, www.restaurant-champeaux.com, tgl. 12–22 Uhr

Im Blickpunkt

Korrekt entsorgt

»Mülleimer«, »Mistkübel«, »Abfalltonne« – im Deutschen kennt man viele bildliche Umschreibungen für dieses Objekt des täglichen Gebrauchs. Im Französischen handelt es sich dabei ganz simpel um eine »poubelle«. Benannt wurde diese nach Eugène René Poubelle, einem Beamten des späten 19. Jh., der sich wie kein anderer um den Müll seiner Mitbürger (bzw. um dessen Entsorgung) verdient machte. Als Präfekt des Départements Seine, zu dem Paris damals gehörte, ließ er per Dekret bestimmen, dass jeder Hausbesitzer für sich und seine Mieter verschließbare Müllbehälter bereitzustellen habe. Interessanterweise legte er bereits eine Mülltrennung fest, die für Glas, Porzellan, Papier, Stoff und Austernschalen (!) unterschiedliche Behältnisse vorsah. Die Pariser sollen über diese Zwangsmaßnahmen keineswegs begeistert gewesen sein, aber die hygienischen Verhältnisse in ihrer Stadt besserten sich. Die Mülltrennung geriet jedoch bald wieder in Vergessenheit. Erst 100 Jahre nach Monsieur Poubelles Dekret führte Paris die Mülltrennung offiziell ein, und seither gibt es verschiedenfarbige »poubelles«.

14 Rund um den Louvre

Kunst im Bannkreis des früheren Herrscherpalastes

Die westliche Malerei seit dem Mittelalter bildet einen Schwerpunkt im Louvre

Information

- Métro 1, 7: Palais Royal-Musée du Louvre; Métro 1: Louvre-Rivoli, Tuileries
- Parkhaus Pyramides, Einfahrt 14 und 29, rue des Pyramides

Vom spätgotischen Portalvorbau der Kirche Saint-Germain-l'Auxerrois aus bietet sich der imposanteste Blick auf den Louvre. Die breite Kolonnade ließ Ludwig XIV. als reine Machtdemonstration »seinem« Louvre vorblenden. Und wer durch sie in den großen quadratischen Hof tritt, ist überwältigt. Geradeaus fällt der Blick in den nächsten, hufeisenförmigen Hof mit der modernen gläsernen Pyramide, die den Haupteingang zum Museum markiert. Von hier aus läuft die sogenannte Königsachse durch Napoleons kleinen Arc du Carrousel und die Tuilerien bis zur Place de la Concorde und die fernen Champs-Élysées.

Sehenswert

a Musée du Louvre
| Museum |

3 *Ziel von Millionen Kunstpilgern: der weltgrößte Museumstempel*

Man bräuchte Tage oder sogar Wochen, wollte man sich jedes der im Louvre ausgestellten Kunstwerke ge-

Plan S. 39

nauer anschauen. Schon während der Französischen Revolution war erstmals die Idee aufgekommen, im Louvre ein Kunstmuseum für das Volk einzurichten. Dabei hatte der riesige Gebäudekomplex mit seinem großen quadratischen Hof und einer parallel zur Seine sich erstreckenden Zweiflügelanlage, die sich hufeisenförmig zu den Tuilerien hin öffnet, durch die Jahrhunderte hindurch ganz andere Bestimmungen. Zunächst diente er im 12. Jh. als befestigte Burg zur Stadtverteidigung, vom 13. bis zum 19. Jh. als königliche Residenz und im 20. Jh. als Sitz des Finanzministers. Auch seine Größe veränderte sich während der vergangenen 800 Jahre ständig. Vom vergleichsweise noch sehr kleinen, ursprünglich mittelalterlichen Bau sind nur noch Reste im freigelegten Untergrund zu besichtigen. Der große quadratische Hof (Cour carrée) entstand unter Ludwig XIV. in einer gewaltigen Baumaßnahme, die unvollendet blieb, da sich der Monarch entschloss, Paris in Richtung Versailles zu verlassen. Der Großteil des heutigen Baukörpers entstand erst im 19. Jh. – darunter fast die ganze Front an der Rue de Rivoli. 1989 folgte die gläserne Eingangspyramide des Architekten Ieoh Ming Pei, durch die seither mehr als acht Millionen Besucher pro Jahr ins Innere des Louvre strömen.

Von der zentralen Eingangshalle (Hall Napoleon) unter der Pyramide erreicht man die drei Zugänge zu den Museumsflügeln (frz. »ailes«) Richelieu, Denon und Sully. Der Entstehungszeitraum der hier ausgestellten Kunstwerke erstreckt sich über mehrere Jahrtausende. Die ältesten von ihnen datieren ins 4. vorchristliche Jahrtausend und stammen aus Ägypten, die jüngsten aus der ersten Hälfte des 19. Jh.

In der ägyptischen Abteilung sollte man keinesfalls die Sphinx von Tanis aus rosa Granit (1200 v. Chr.), die Reliefdarstellung der Feldarbeiten in der Mastaba von Akhethotep (2400 v. Chr.) und das wohl älteste heute bekannte Flachrelief mit einer Schlachtenszene am Dolchgriff aus Gebel el-Arak (3200 v. Chr.) verpassen. Aus dem vorklassischen Griechenland besitzt der Louvre eine grandiose Sammlung von Kykladenidolen. Aus der griechischen Klassik sind Teile des Parthenon-Frieses ausgestellt. Louvre-Stars des Helle-

nismus sind die Statuen der Nike von Samothrake und der Venus von Milo. Aus der Epoche der Etrusker fasziniert der »Ehepaarsarkophag« aus Ceverteri mit der fast intakten Farbfassung. Der silberne Schatz von Boscoreale, der am Fuß des Vesuvs gefunden wurde, zeigt die Kunstfertigkeit der Römer. Auch die orientalische Kunst ist im Louvre prominent vertreten mit der kleinen Alabaster-Statue des Ebih-il (um 2400 v. Chr.) aus der mesopotamischen Stadt Mari oder der monumentalen Darstellung der geflügelten Stiere mit Menschenkopf vom assyrischen Palast im heute irakischen Khorsabad (700 v. Chr.). 2012 eröffnete eine Abteilung für die Kunst des Islam mit über 3000 hochkarätigen Exponaten.
Die westliche Malerei seit dem Mittelalter bildet einen Schwerpunkt im Louvre. Naturgemäß nehmen hier die Werke französischer Maler einen großen Platz ein. Religiöse Altarbilder sind ebenso zu bestaunen wie Tafelbilder von der Renaissance bis ins 19. Jh. Die Schule von Fontainebleau, Le Lorrain und Nicolas Poussin sind ebenso mit Hauptwerken vertreten wie die galanten Maler Antoine Watteau und Jean-Honoré Fragonard. Zu den berühmtesten Werken zählt »Die Freiheit führt das Volk« (1830) von Eugène Delacroix und das klassische Historienbild die »Krönung Napoleons I. und Kaiserin Josephines« (1807) von Jacques-Louis David. Das berühmteste Gemälde des Louvre aber wurde von einem italienischen Künstler gemalt, der es mit an den französischen Renaissancehof brachte: Leonardo da Vincis »Mona Lisa« (1506). Neben weiteren Arbeiten von da Vinci besitzt der Louvre aber auch Werke von Raphael, Caravaggio und von Paolo Veronese, dessen »Hochzeit zu Kana« (1563) das größte Bild der Sammlung ist und der »Mona Lisa« gegenüber hängt. Besonders sehenswert sind zudem die 24 großformatigen Bilder des »Medici-Zyklus«, den Peter Paul Rubens im Jahr 1625 fertigstellte. Das Gleiche gilt für die Werke der »nordischen« Meister Jan van Eyck, Vermeer, Rembrandt, Hieronymus Bosch, Lucas Cranach, Hans Holbein und Albrecht Dürer im 2. Stock des Richelieu-Flügels.

■ Métro 1, 7: Palais Royal-Musée du Louvre; www.louvre.fr, Mi–Mo 9–18, Mi, Fr 9–21.45 Uhr, 15 € (online 17 €, dafür schneller Eintritt in festgelegtem Zeitfenster), Besucher mit Paris Museum Pass müssen ein Zeitfenster vorreservieren.

ADAC Spartipp

Im Gegensatz zu den staatlichen Museen verlangen die Museen der Stadt Paris in der Regel für den Besuch ihrer ständigen Sammlung keinen Eintritt. An jedem **1. So im Monat** ist aber auch der Eintritt in die ständigen Sammlungen der staatlichen Museen frei (freier Eintritt in den Louvre nur am 14. Juli). Für Personen unter 26 Jahren (EU-Bürger, sonst unter 18 Jahren) ist der Eintritt immer frei. Die Schließungstage der Pariser Museen verteilen sich auf Mo und Di.

b Musée des Arts décoratifs

| Museum |

Das große Kunstgewerbemuseum des Louvre breitet sich über mehrere Etagen im Nordflügel des Gebäudekomplexes aus. Zu seiner hochkarätigen Sammlung gehören Möbel und Goldschmiedekunst, Glas, Keramik, Grafik,

Schmuck und Tapisserien sowie Malerei und Skulptur. Die über 7000 Objekte spiegeln die Kunstgewerbeproduktion vom Mittelalter bis in die Gegenwart. Grandios präsentiert werden auch das Appartement der Pariser Modeschöpferin Jeanne Lanvin aus den 1920er-Jahren und eine der Geschichte des Schmuckstücks gewidmete Galerie.

■ Métro 1, 7: Palais Royal-Musée du Louvre; 107, rue de Rivoli, www.madparis.fr, Di–So 11–18, Do bis 21 Uhr, 14 €, bis 26 J. Eintritt frei

c Arc du Carrousel

| Triumphbogen |

Heute steht dieser Triumphbogen, den Napoleon sich für die Feier der Siege seiner Armeen zwischen den Jahren 1806 und 1808 errichten ließ, ziemlich alleine. Planerisch war er ursprünglich mit dem Tuilerienschloss verbunden, das einige Hundert Meter weiter in Richtung Tuileriengärten aufragte und nach 1870 abgerissen wurde. Architektonisches Vorbild ist der römische Triumphbogen des Septimus Severus. Die Quadriga, die seinen oberen Abschluss krönt, hatte Napoleon einst in Venedig erbeutet, musste sie aber 1815 wieder zurückgeben. Zu sehen ist deshalb eine Kopie des Vierergespanns.

d Jardin des Tuileries

| Park |

An einem Ort ehemaliger Ziegelbrennereien (Tuileries) entstanden, gehörten die Gärten zum früheren Tuilerienschloss der Katharina von Medici (16. Jh.). Unter der Regentschaft des Sonnenkönigs Ludwig XIV. gestaltete André Le Nôtre die Parkanlage im streng geometrischen Sinne des klassischen französischen Gartenideals. Skulpturen aus der Zeit vom 17. bis zum 20. Jh. dekorieren die Grünflächen und Wasserbassins. Cafés und zwei Bistros ducken sich unter den akkurat geschnittenen Baumreihen zu beiden

ADAC Spartipp

Über **freies WLAN** gratis ins Internet zu gelangen, ist seit einigen Jahren in allen Pariser Parks, aber auch in Bibliotheken, Rathäusern und den städtischen Museen problemlos möglich. Auch wer die Tourismusbüros besucht, kann hier das kostenlose WLAN nutzen.

Seiten der Hauptallee, auf der der Blick der sogenannten Königsachse in Richtung der Champs-Élysées folgen kann.

■ Métro 1: Tuileries; April–Sept. 7–21, Okt.–März 7–19.30 Uhr

e Musée de l'Orangerie

| Museum |

4 *Monets berühmte Seerosen begeistern die Besucher*

Die am südwestlichen Ende der Tuilerien liegende Orangerie birgt das monumentale Hauptwerk des Impressionisten Claude Monet, die berühmten monumentalen Seerosenbilder (»Les Nymphéas«), die hier die Wände zweier großer ovaler Räume gänzlich bedecken. Auch die wertvolle Sammlung des Kunsthändlers Paul Guillaume mit Werken von Künstlern wie Cézanne, Matisse und Picasso ist hier zu sehen.

■ Métro 1, 8, 12: Concorde, Jardin des Tuileries, Place de la Concorde, www.musee-orangerie.fr, Mi–Mo 9–18 Uhr, 12,50 €, erm. 10 €, bis 26 J. und 1. So im Monat frei

f Jeu de Paume

| Museum |

Das im 19. Jh. errichtete, die Tuilerien im Nordwesten abschließende Gebäude zeigt ambitionierte Wechselausstellungen zur Foto- und Filmkunst.

■ Métro 1, 8, 12: Concorde, 1, place de la Concorde, www.jeudepaume.org, Di–Fr 12–20, Sa, So 11–19 Uhr, 10 €, erm. 7,50 €

Restaurants

€€ | Le Fumoir Diese Institution ist Café, Restaurant und Cocktailbar und stets gut besucht. Man kommt wegen des guten Essens und des eleganten Art-déco-Ambientes. ■ 6, rue de l'Amiral Coligny, Tel. 01 42 92 00 24, www.lefumoir.com, tgl. 9–2 Uhr, Plan S. 39 c3

€€ | Loulou Perfekt designt und mit herrlicher Terrasse am Rand der Tuilerien bietet das Loulou im Kunstgewerbemuseum moderne Bistroküche. ■ 107, rue de Rivoli, Tel. 01 42 60 41 96, www.loulou-paris.com, 12–14.30, 19–23 Uhr, Plan S. 39 b2

15 Place de la Concorde

Königliche Perspektiven bietet die größte Platzanlage von Paris

■ Métro 1, 8, 12: Concorde

Als letzter der Pariser Königsplätze im Jahr 1763 angelegt, um damals ein Reiterstandbild Ludwigs XV. in Szene zu setzten, präsentiert der Platz heute den antiken Obelisken von Luxor im Zentrum. In Place de la Révolution umbenannt, diente er 1792 mit den beiden hier aufgestellten Guillotinen als Hinrichtungsstätte. Die von dem Hofarchitekten Ange-Jacques Gabriel 1775 symmetrisch entworfenen Palastfassaden an der Nordseite, zwischen denen die Rue Royale den Blick auf die Madeleine-Kirche freigibt, erinnern an die Louvre- Kolonnade. Im linken Palais ist seit dem Jahr 1907 das Luxushotel Crillon untergebracht. Zwei große Wasserspiele auf dem Platz stellen mit üppig geformten allegorischen Figuren die französischen Flüsse (im Norden) sowie das Mittelmeer und den Ozean (im Süden) dar.

Sehenswert

Obelisk

| Denkmal |

Aus der Epoche des Pharaos Ramses II. (um 1250 v. Chr.) stammt der 230 t schwere Obelisk des Amun-Tempels in Luxor. Dieser mit ungezählten Hieroglyphen verzierte Monolith aus rosa Syenit war ein Geschenk des ägyptischen Vizekönigs an Frankreich. Nach 18-monatigem Transport erreicht er im Jahr 1833 Paris, wo er in Anwesenheit von mehr als 300 000 Zuschauern unter großen Schwierigkeiten aufgerichtet wurde. Dieses Ereignis schildern Darstellungen im Sockel. Wiederholte Rückgabeforderungen Ägyptens ignoriert der französische Staat.

16 Place de la Madeleine

Ein weitläufiger Platz als »Präsentierteller« für die Madeleine-Kirche

■ Métro 8, 12, 14: Madeleine

Wenn eine bekannte Persönlichkeit heiratet oder auch zu Grabe getragen wird, dann geschieht dies meist in der Madeleine-Kirche. Daneben findet seit 1832 der bunte Blumenmarkt »Marché aux Fleurs« (Mo–Sa 8–19.30 Uhr) statt. Für das Renommee der Place de la Madeleine sorgen aber vor allem Delikatessengeschäfte.

Sehenswert

Église La Madeleine

| Kirche |

Seit der Grundsteinlegung 1764 wechselte mehrfach die Bestimmung der Kirche. Während der Revolution verwandelte sie sich zunächst in den Sitz

Die Place de la Concorde ist der größte und monumentalste Platz der Stadt

der Nationalversammlung, dann in eine Börse und schließlich zu einer Bibliothek. Napoleon ließ sie in Form eines griechischen Tempels als Ruhmeshalle für seine siegreichen Armeen neu errichten. Seit 1842 ist sie wieder ein Kirchenbau. Ihre imposanten Bronzetüren zeigen die zehn Gebote. Berühmt ist vor allem die große Orgel von 1846.

■ Métro 8, 12, 14: Madeleine, Place de la Madeleine, www.eglise-lamadeleine. com, tgl. 9.30–19 Uhr

Im Blickpunkt

Paris à la Baron Haussmann: hübsch geordnet in Reih und Glied

Wer zwischen Louvre und Opéra Garnier entlangspaziert, merkt schnell: Die Avenuen und Boulevards sind breit und verlaufen schnurgerade, die angrenzenden Häuserfassaden entlang dieser Achsen erscheinen gleichförmig. Hier hatte Mitte des 19. Jh. die »Haussmannisierung« der Metropole stattgefunden. Georges-Eugène Haussmann, Stadtpräfekt und -planer des Zweiten Kaiserreichs, war dabei die Schlüsselfigur. Kaiser Napoleon III. wünschte die bis dahin oft noch mittelalterlich geprägte Stadt mit ihren engen Gassen durch »beaux immeubles«, stattliche Gebäude für das Großbürgertum nach Londoner Vorbild, zu verschönern. Einige Quartiers, in denen der Kaiser immer mit Aufständen rechnete, sollten durch radikale Abrisse und neue Straßenzüge besser kontrollierbar gemacht werden. Kritik an Haussmanns Baumaßnahmen ließen nicht lange auf sich warten. So wurde beklagt, dass die »kleinen Leute« aufgrund von Immobilienspekulationen aus der Innenstadt gedrängt würden – eine Tendenz, die heute so aktuell ist wie vor 150 Jahren ...

Restaurants

€€€ | Grand Café Fauchon Ende des 19. Jh. als exklusives Feinkostgeschäft gegründet, ist das Fauchon jetzt an die andere Seite des Madeleine-Platzes gezogen und hat sich in ein schickes Café und Restaurant verwandelt. ■ 11, place de la Madeleine, www.fr.grandcafefauchon.fr, Tel. 0187862815, tgl. ab 7.30 Uhr

17 Place Vendôme

Edeljuweliere und ein weltberühmter Hotelpalast bestimmen hier das Bild

■ Métro 1, 8, 12: Concorde, Métro 1: Tuileries

Ludwig XIV. gab im Jahr 1685 diese grandiose Platzanlage in Auftrag, um sein Reiterstandbild, das für das Zentrum vorgesehen war, »königlich« in Szene zu setzen. Alle Fassaden dieses Achtecks wurden gleich gestaltet, an den Balkongittern erkennt man das Sonnensymbol des eitlen Herrschers. Einst wohnte der Hochadel in den luxuriösen Palais, heute reihen sich hier Juweliere, das Justizministerium und der Hotelpalast des Ritz aneinander.

Sehenswert

Hotel Ritz

| Hotel |

Der Schweizer Hotelier César Ritz gründete im Jahr 1898 diesen Hotelpalast, in dem Staatschefs und Hollywoodstars ein und aus gingen (und gehen). Die Modelegende Coco Chanel zog das Ritz gar einem Appartement vor und residierte hier auf Dauer.

■ 15, place Vendôme, www.ritzparis.com

Vendôme-Säule

| Säule |

An der Stelle des Reiterstandbilds Ludwigs XIV. ließ Napoleon 1805 nach der Schlacht von Austerlitz die Säule errichten, an deren Reliefs der Sieg seiner Armee verherrlicht wird. Als Vorbild diente die antike Trajans-Säule in Rom. Bis heute krönt Napoleon als römischer Imperator gekleidet die bronzene Säule. Das Metall wurde aus den eingeschmolzenen Kanonen seiner Gegner gewonnen.

18 Opéra Garnier

4 *Das einst weltgrößte Opernhaus ist bis heute eines der schönsten*

■ Métro 7, 8, 9: Opéra, Place de l'Opéra, www.operadeparis.fr, tgl. 10–17 Uhr (vom Spielplan abhängig), 14 €, erm. 10 €

■ Parkhaus Opéra-Meyerbeer, Einfahrt 4, rue de la Chaussée d'Antin

Im Auftrag des Kaisers Napoleon III. entwarf der Architekt Charles Garnier diesen gewaltigen Opernbau, der als Zentrum der Neugestaltung des gesamten Stadtviertels galt und in dem heute neben klassischen Opern vor allem Ballettaufführungen gezeigt werden. Verschwenderisch große Treppenhäuser und pompöse Empfangssäle spiegeln die Repräsentationssucht des

Gefällt Ihnen das?

Im **Musée d'Orsay** (S. 52) entdecken Opern- genauso wie Architekturfans noch viele weitere Details der **Opéra Garnier** und des Opernviertels, die dort in großen Modellen dargestellt sind.

Die Opéra Garnier ist ein grandios-eklektischer Musentempel des Second Empire

Großbürgertums der Epoche. Den Zuschauerraum ziert ein Deckenbild von Marc Chagall. Sehenswert ist auch das mit mehr als 30 Marmorsorten ausgekleidete, von vergoldeten Karyatiden dominierte Haupttreppenhaus.

Sehenswert

Galeries Lafayette

| Kaufhaus |

Seit seiner Eröffnung im Jahr 1893 wurde der legendäre Kaufhaustempel immer wieder erweitert. Sehenswert ist vor allem die die Parfümabteilung überspannende bleiverglaste Kuppel im reinsten Jugendstil.

■ Métro 8, 9: Chausée d'Antin La Fayette, 40, boulevard Haussmann, www.haussmann.galerieslafayette.com, Mo–Sa 10–20.30, So 11–20 Uhr

19 Passages Jouffroy/des Panoramas

In der Mitte des 19. Jh. wurde hier das Konzept der Einkaufspassagen erfunden

■ Métro 8, 9: Grands Boulevards, www.passagesetgaleries.org, Passage Jouffroy: 10–12, boulevard Montmartre, tgl. 7–21.30 Uhr, Passage des Panoramas: 11, boulevard Montmartre, 6.30–24 Uhr

Diese beiden glasüberdachten Laden-Passagen trennt der Boulevard Montmartre. Die ältere der beiden, die Passage des Panoramas, stammt bereits von 1800. Ihren Namen verdankt sie den einst hier errichteten Panoramen, die dem Publikum in runden Räumen täuschend echt gemalte Ansichten von verschiedenen Städten oder Schlachten boten. Karriere machte die Passage jedoch mit ihren Cafés, Restaurants und kleinen Geschäften. Dieser Erfolg, den Passanten auch bei schlechtem Wetter Einkaufs- und Vergnügungsgelegenheiten anzubieten, führte im Jahr 1845 zur Errichtung der Passage Jouffroy.

Sehenswert

Musée Grévin

| Museum |

Gleich neben der Passage Jouffroy liegt am Boulevard dieses berühmte Wachsfigurenmuseum, das seit dem Jahr 1882 ein wahrer Publikumsmagnet ist. Benannt wurde es nach dem Zeichner, Humoristen und Bildhauer André Grévin. Nicht nur die kapp 300 Wachsfiguren sind sehenswert, auch die Architektur des Museums selbst ist ein Blickfang, stammt sie doch überwiegend aus der Zeit um das Jahr 1900.

■ 10, boulevard Montmartre, www.grevin-paris.com, wechselnde Öffnungszeiten, 25 €, Kinder (5–18 J.) 18,50 €, günstiger für Familien und im Internet

20 Bibliothèque nationale – site Richelieu

Schatzkammer der französischen Nationalbibliothek: bibliophile Kostbarkeiten

■ Métro 3: Bourse, 1, 7: Palais-Royal, 58, rue de Richelieu, www.bnf.fr, Mi–So 10–18, Di 10–20 Uhr für Wechselausstellungen; die Lesesäle sind nur für akkreditierte Bibliotheksnutzer zugänglich

Die französische Nationalbibliothek bezog 1989 im Pariser Osten einen gewaltigen Neubau am Seine-Ufer. Die besonders wertvollen Bestände befinden sich aber noch immer in der Innenstadt in den Gebäuden des 19. Jh. Schon seit der Mitte des 16. Jh. sammelte der König systematisch Bücher und verfügte, dass von jedem im Reich gedruckten Buch ein Exemplar der königlichen Sammlung zu überlassen sei. Berühmt ist die Salle Labrouste, der riesige, mit Kuppeln überwölbte Lesesaal.

Sehenswert

Galerie Vivienne
| Passage |
Stuckreliefs und breite Mosaikböden bestimmen das Dekor dieser um 1820 eröffneten Passage (siehe »Im Blickpunkt« Abb. S. 45) mit Teesalon, Modeboutiquen, Buchantiquariat, Bistro.
■ Métro 1, 7: Palais-Royal, 4, rue des Petits-Champs, www.galerie-vivienne.com, tgl. 8.30–20.30 Uhr

Im Blickpunkt

Die Pariser Passagen

Als Louis-Philippe d'Orléans, Mitglied der Königsfamilie, um 1785 großzügige Arkaden um seinen Garten am Palais Royal anlegen ließ, wurden diese bald von Geschäften, Wohnungen, Restaurants und Spielhallen besetzt. Hier spielte sich das Pariser Nachtleben ab, und nach der Revolution machte die Idee Schule. Die ersten von filigranen Glasdächern überspannten Galerien oder Passagen mit Läden und Bars entstanden auf der Rive Droite. Ungefähr 30 davon haben die Zeiten überdauert und sind auch heute nicht aus dem Pariser Stadtbild wegzudenken. Die Passanten liebten es hier, abseits der Pferdekutschen und des Straßenschmutzes, zu flanieren und ihre Besorgungen zu machen. Erst ab 1860 entstanden die großen Kaufhäuser (»grands magasins«) als Konkurrenz zu den bis heute bei den Kunden und Touristen beliebten Passagen.

Restaurants

€€ | Le Grand Colbert Elegante Pariser Brasserie, die traditionelle Küche und hervorragende Weine bietet. Ein Blickfang sind die vielen Spiegeln und funkelnden Kronleuchter ■ 2, rue Vivienne, Tel. 01 42 86 87 88, www.legrandcolbert.fr, 12–24 Uhr

21 Palais Royal

Heute residieren Staatsdiener im prachtvollen Palais Kardinal Richelieus

■ Métro 1, 7: Palais Royal-Musée du Louvre, Place du Palais-Royal, 1–7 rue de Valois, 2–8, rue de Montpensier

In Kardinal Richelieus einstigem Wohnsitz residieren heute Kulturministerium und Staatsrat. Zu seinem Namen kam das »königliche Palais«, weil der Kardinal sein Luxusheim Ludwig XIII. schenkte. Nach dem Tod seines Vaters bewohnte der minderjährige Ludwig XIV. mit seiner Mutter Anna von Österreich den Palast. Den Hof füllen heute die schwarz-weiß gestreiften Säulen des Konzeptkünstlers und Bildhauers Daniel Buren.

ADAC Mittendrin

In Paris **günstig und gut essen** zu gehen, erscheint auch heutigen Besuchern fast als aussichtslos. Die Brüder Frédéric und Camille Chartier, beide Metzger von Beruf, hatten um 1896 das gleiche Problem. Deshalb riefen sie die »bouillons« ins Leben: eher preiswerte Restaurants, in denen bodenständige Küche geboten werden sollte. Nur wenige dieser Lokale haben die Zeiten überlebt, aber im **Bouillon Chartier** kann man bis heute für wenig Geld den Hunger stillen. 7, rue du Faubourg Montmartre, Tel. 01 47 70 86 29, www.bouillon-chartier.com, tgl. 11.30–24 Uhr

Sehenswert

Jardin du Palais Royal
| Park |
Bereits Kardinal Richelieu hatte sich einen großen Garten hinter seinem Palast anlegen lassen. Seit 1780 wird dieser von langen Arkaden umschlossen. Auf die Idee war Herzog Louis-Philippe von Orléans, ein Nachfahre Ludwigs XIV., gekommen, der seine Kasse durch die Einnahmen aus den dort angesiedelten Geschäften aufbesserte. Heute finden sich hier Antiquitäten- und Modegeschäfte sowie einige Restaurants mit schönen Terrassen. Die Pariser verbringen hier gern ihre Mittagspause im Schatten der Lindenalleen oder mit Blick auf die zentralen Wasserspiele.
■ Métro 1, 7: Palais Royal-Musée du Louvre, Zugänge von Rue de Valois, de Montpensier, de Beaujolais, www.domaine-palais-royal.fr, April, Mai tgl. 7–15, Juni–Aug. 7–23, Sept. 7–21.30, Okt.–März tgl. 7.30–20.30 Uhr

Restaurants

€€ | Bistrot Valois Typisches Bistro im gemütlichen Backstein-Ambiente mit üppigen Aufschnitt- und Käseplatten, Suppen, Salaten, Terrinen und täglich wechselnden Hauptgerichten. Beheizte Terrasse. ■ 1 bis, place de Valois, Tel. 01 42 61 35 04, www.bistrot-valois.com, Mo–Sa 12–22 Uhr

Am Abend

Sowohl die beiden Opernhäuser als auch die ehrwürdige Comédie Française geben hier kulturell den Ton an. Viele große und kleine Theater, aber auch das größte Pariser Kino haben sich rund um die großen Boulevards sowie nördlich der Opéra Garnier angesiedelt. Wer in der Innenstadt am Abend ausgehen möchte, steuert sicher das Bastille-Viertel an, das bis in die Morgenstunden belebt bleibt. Bars und Cafés im überwiegend als Fußgängerzone ausgebauten Quartier der Hallen sind preislich erschwinglicher als an der Bastille. Rund um die Quais des Canal Saint-Martin und nördlich der Place de la République liegt ein weiteres, ebenfalls viel frequentiertes Ausgehviertel.

Kinos

Le Grand Rex Der größte und prächtigste Kinopalast in Paris stammt aus den 1920er-Jahren. Er bietet 2650 Kinofans Platz und ist innen aufwendig mit Architekturkulissen dekoriert. ■ 1, boulevard Poissonnière, Tel. 0145089389, www.legrandrex.com, Métro 8, 9: Bonne-Nouvelle

Bühne

Comédie-Française Das intellektuelle »Schwergewicht« unter den Pariser Bühnen, denn hier werden die großen Klassiker Molière über Racine bis Corneille aufgeführt. Für die Schauspieler ist der Olymp erreicht, wenn sie hier auftreten. ■ 1, place Colette, Tel. 0825101680, www.comedie-francaise.fr, Métro 1, 7: Palais Royal–Musée du Louvre

Opéra Bastille In diesem modernen Bau, der zu den weltgrößten Opernhäusern gehört, werden in erster Linie opulent ausgestattete, aufwendige Opern inszeniert, für die sich in einer Vorstellung bis zu 2700 Besucher begeistern können. ■ Place de la Bastille, Tel. 0892 899090 (0,35 €/Min.), www.operadeparis.fr, Métro 1, 5, 8: Bastille

Opéra Garnier Ein Muss für Opernfreunde und (heute vor allem) Liebhaber des klassischen wie des zeitgenössischen Balletts, aber auch für Architekturinteressierte allgemein, die bereits im imposanten Haupttreppenhaus aus dem Staunen nicht mehr herauskommen. Kunstfreunde freuen sich zudem über Marc Chagalls Deckengemälde in der Kuppel über dem Zuschauerraum. ■ Place de l'Opéra, Tel. 0892899090 (0,35 €/Min.), www.operadeparis.fr, Métro 3, 7, 8: Opéra

Théâtre du Palais Royal Eines der vielen traditionsreichen Pariser Boulevardtheater, die mit amüsantem Programm ihr großes Stammpublikum erfreuen. ■ 38, rue Montpensier, Tel. 0142974900, www.theatrepalaisroyal.com, Métro 1, 7: Palais Royal

Konzert

Casino de Paris Hier handelt es sich um eine Pariser Institution, die schon seit dem Ende des 19. Jh. besteht und in der heute Kabarett, die beliebtesten Musicals, Theaterstücke und Tanz aufgeführt werden. ■ 16, rue de Clichy, Tel. 0892698926, www.casinodeparis.fr, Métro 12: Trinité

Le Duc des Lombards: Jazz vom Feinsten

L'Olympia Einst sangen hier Edith Piaf, Jacques Brel oder Gilbert Bécaud. Im mythischen Konzertsaal lauscht man heute nicht nur französischen Chansons, sondern auch internationalen Stars. ■ 28, boulevard des Capucines, www.olympiahall.com, Métro 7, 8: Opéra

Kneipen, Bars und Clubs

Bar Hemingway Wenn man das Dinner einmal ausfallen ließe, könnte man sich zumindest einen Drink in der Bar leisten, in der schon der Literatur-Nobelpreisträger Ernest Hemingway oder Filmstar Gary Cooper am Glas genippt haben. Es muss ja kein Dry Martini sein. ■ 15, place Vendôme (Hotel Ritz), Tel. 0143163374, www.ritzparis.com, Métro 1: Tuileries, 18–2 Uhr

Expérimental Cocktail Club Die Bartender experimentieren kräftig mit den großen Klassikern der Cocktailrezepte, dennoch bleibt bei den relativ zivilen Preisen immer noch Geld übrig für ein zweites Glas. ■ 37, rue Saint-Sauveur, Tel. 0145088809, www.experimentalcocktailclub.com, Métro 3: Sentier, Mo–Do 19–2, Fr, Sa bis 4 Uhr

Le 1905 Versteckte Cocktailbar in der ersten Etage des Bistros Aux Vins des Pyrénées mit kleiner Terrasse und intimer Atmosphäre, ideal zum Chillen. ■ 25, rue Beautreillis, Tel. 0142726494, www.le1905.com, Métro 1, 5, 8: Bastille, tgl. 8–2 Uhr

Le Duc des Lombards Die Pariser Jazzszene lebt nach wie vor, und dieser Club, zu dem auch noch ein Restaurant gehört, füllt sich allabendlich. ■ 42, rue des Lombards, Tel. 0142332288, www.ducdeslombards.com, Konzerte meistens ab 19.30 Uhr

Pachamama Viel mehr als nur ein Hauch von Südamerika. Hier schwingt man am späten Abend zu heißen Rhythmen in einem Ambiente aus rotem Plüsch. Auf mehreren Etagen verteilen sich Restaurant und Tapas-Bar in einer Stahl-Konstruktion von Gustave Eiffel. ■ 46, rue du Faubourg Saint-Antoine, Tel. 0155788475, www.pachamama-paris.com, Métro 1, 5, 8: Bastille, Do–Sa ab 20 Uhr (Dîner), Tanz Do–Sa bis 5 Uhr

New Morning Seit der 300 Plätze umfassende Club 1981 mit einem Konzert von Art Blakeys »Jazz Messengers« eröffnet wurde, etablierte er sich als eine der besten Adressen des Jazz. ■ 7–9, rue des Petites-Écuries, Tel. 0145235141, www.newmorning.com, Métro 4: Château-d'Eau, Konzerte ab 20 Uhr

Sherry Butt Eine Cocktailbar, wie man sie sich idealer kaum vorstellen kann. Hier dreht sich alles um die Zutaten und die ebenso kunstvolle wie raffinierte und anspruchsvolle Zubereitung der Drinks. ■ 20, rue Beautreillis, Tel. 0983384780, www.sherrybuttparis.com, Métro 7: Sully-Morland, Di–Sa 18–2, So, Mo 20–2 Uhr

Übernachten

In der Innenstadt zwischen Louvre und Garnier Oper ist die Auswahl an Hotels beinahe unerschöpflich, doch einige fallen auf durch ihre Atmosphäre und ruhige Lage, etwa mitten im Marais oder auf einer der Seine-Inseln. Da die meisten Hotels das Frühstück nicht in den Zimmerpreis integrieren, lässt sich gerade bei den sehr zentral gelegenen Hotels immer ein Eck-Café mit gutem (französischem) Frühstück finden, zu dem es duftende Croissants gibt und auf Wunsch auch noch ein Omelett dazu bestellt werden kann.

€

Hôtel Chopin In die Passage Jouffroy dringt kaum etwas vom Verkehrslärm der großen Boulevards – ein großer Vorteil für dieses Traditionshotel, dessen Zimmer sehr klein sind. ■ 10, boulevard Montmartre, Tel. 0147705810, www.hotelchopin-paris-opera.com, Métro 8, 9: Grands Boulevards

Hôtel Pratic Ein einfaches Hotel mit zum Teil winzigen, aber originell eingerichteten Zimmern, die bis in das Mansardendach hinaufreichen. Wenn auch recht urig, so doch in idealer Lage im Marais gelegen und zu sehr günstigen Preisen. ■ 9, rue d'Ormesson, Tel. 0148878047, www.pratichotelparis.com, Métro 1: Saint-Paul

€€

Hôtel Crayon »Crayon« heißt Buntstift, und bunt ist auch die Dekoration dieses Hotels. ■ 25, rue du Bouloi, Tel. 0142365419, www.hotelcrayon.com, Métro 1: Louvre-Rivoli

Hôtel de La Bretonnerie Charmantes Hotel im Marais mit klassischen Zimmern und einem für Pariser Hotels typischen Frühstücksraum in historischen Kellergewölben. ■ 22, rue Sainte-Croix de la Bretonnerie, Tel. 0148877763, www.hotelparismaraisbretonnerie.com, Métro 1, 11: Hôtel de Ville

Hôtel de Lutèce Das klassisch mit Antiquitäten eingerichtete Hotel liegt versteckt auf der Île Saint-Louis und ist somit zum einen ideal für die Entdeckung beider Seine-Inseln und zum anderen fernab des anderenorts unüberhörbaren Großstadtlärms. ■ 65, rue Saint-Louis en l'Île, Tel. 0143262352, www.paris-hotel-lutece.com, Métro 7: Pont Marie

€€€

Grand Hôtel Jeanne d'Arc Das Hotel liegt mitten im trendigen Viertel Marais neben der Place du Marché Sainte-Catherine, einem der ruhigsten Plätze des Quartiers. Auch nach einer umfassenden Restaurierung hat das Hotel zum Glück nichts von seinem Charme und seinem Komfort eingebüßt. ■ 3, rue Jarente, Tel. 0148876211, www.hoteljeannedarc.com, Métro 1: Saint-Paul

Le Petit Beaumarchais Ein gediegenes neues Hotel zwischen alten Mauern, das sich gedeckten Farben und eher klassischem Design verschrieben hat. In Bastille-Nähe gelegen lässt sich hier auch im hauseigenen Spa (oder in der Bar) entspannen. ■ 8, boulevard Beaumarchais, Tel. 0147009150, www.hotelpetitbeaumarchaisparis.com, Métro 1, 5, 8: Bastille

Rive Gauche – Geist und Konsum links der Seine

Saint-Germain-des-Prés, Quartier Latin und Montparnasse: Verlage und Universitäten sowie nobelste Marken prägen diese Viertel

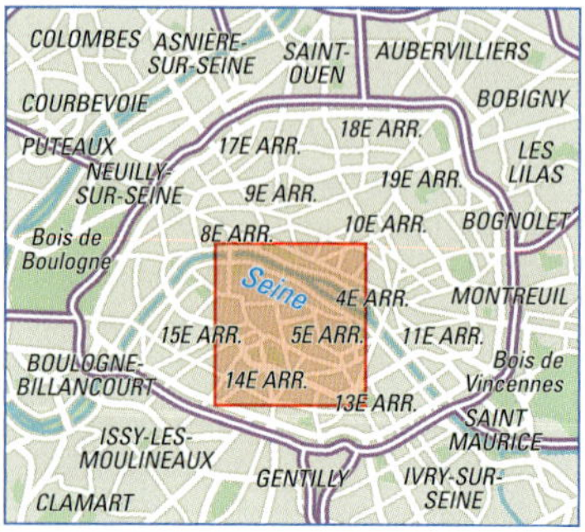

Das schicke Saint-Germain-des-Prés und das von vielen Studenten bevölkerte Quartier Latin gelten als das intellektuelle Paris. Mit gutem Grund: Die altehrwürdige Sorbonne ist hier ebenso ansässig wie zahlreiche renommierte Verlage. Zudem lag das Epizentrum der Nachkriegsliteratur um Jean-Paul Sartre und Simone de Beauvoir vor der Kirche von Saint-Germain-des-Prés. Heute sind hier die Mietpreise für Appartements längst in schwindelerregende Höhen gestiegen, und für die nobelsten Modemarken ist es ein »Muss«, mindestens mit einer stylischen Boutique vertreten sein. Der herrliche Luxembourg-Garten begrünt die gepflegte Atmosphäre zwischen Panthéon und Boulevard Raspail. Lediglich das Montparnasse-Viertel zeigt eine deutliche (architektonische) Narbe. Der das Viertel 210 m hoch überragende gleichnamige Turm aus den 1970er-Jahren ist in seiner äußeren Erscheinung nun wahrlich kein Schmuckstück, bietet aber immerhin einen grandiosen Ausblick von seiner Panorama-Terrasse. Wieder unten angelangt, haben die Boulevards wie die kleinen Straßen im Schatten dieses Turms dann doch auch wieder ihren ganz eigenen Reiz.

In diesem Kapitel:

ADAC Top Tipps:

ADAC Empfehlungen:

22 Musée d'Orsay

5 *Wo einst Gleise verliefen, begeistern heute Impressionisten*

■ Métro 12: Solférino, 62, rue de Lille, www.musee-orsay.fr/de, Di–So 9.30–18, Do 9.30–21.45 Uhr, 14 €, erm. 11 €, bis 26 J. und 1. So im Mo Eintritt frei

Die heute vielleicht ein bisschen überladen wirkende Architektur entsprach ganz dem Geschmack der Zeit, als der Orsay-Bahnhof zur fünften Pariser Weltausstellung im Jahr 1900 eröffnet wurde. 39 Jahre lang diente er dem Zugverkehr nach Südwesten, danach entsprach er nicht mehr den damaligen Anforderungen und war lange vom Abriss bedroht. Doch um die Mitte der 1970er-Jahre wurde eine neue Zukunft für den Bau beschlossen: als Museum für die im 19. Jh. entstandene, in Staatsbesitz befindliche Kunst. Seit der Eröffnung im Jahr 1986 fasziniert der Bau bis heute vor allem dadurch, dass man ihm seine Bahnhofsvergangenheit immer noch ansieht. Dabei gelang es jedoch der italienischen Innenarchitektin Gaetana Aulenti, die Werke der Malerei, Bildhauerei, Fotografie, Grafik, des Designs und Kunsthandwerks in der riesigen Halle gut zu präsentieren oder für sie neue adäquate Räumlichkeiten zu schaffen.

Das gesamte 19. Jh. wurde dominiert vom offiziellen, von der Académie des Beaux-Arts definierten Kunstgeschmack. Maler und Bildhauer hatten ihre Werke nach antiken Vorbildern

Wo einst Passagiere zu den Zügen eilten, werden heute Skulpturen bestaunt

und Themen zu gestalten. Großformatige Historienmalerei beherrschte die Kunstszene – das Museum zeigt etwa mit Thomas Couture einen der damals »offiziellen« Malerstars. Doch nicht alle Künstler wollten sich der Académie beugen. Gustav Courbet etwa setzte der etablierten Kunst seine »realistische« Malerei entgegen, Edouard Manet entsetzte das Publikum mit seiner »Olympia«, einer nackten Schönen mit provozierendem Blick, die als obszön empfunden wurde. Werke von Monet, Renoir oder Degas – heute die berühmtesten Gemälde des Museums in der Impressionisten-Abteilung (einer der umfangreichsten der Welt) – betrachtete das Publikum lange als minderwertig. Nun aber gehören das 1873 entstandene »Mohnfeld bei Argenteuil« von Monet oder Renoirs drei Jahre später vollendetes »Bal au Moulin de la Galette« zu den Bildern, vor denen sich das Publikum drängt. Ebenfalls gut vertreten sind die Werke der beiden prominenten Post-Impressionisten Paul Gauguin und Vincent van Gogh.

ADAC Spartipp

Der Kauf des von den Tourismusbüros angepriesenen **Paris Pass Lib** sollte genau durchdacht werden, denn seine Struktur ist recht kompliziert: Aus einem Strauß von bis zu knapp 60 Aktivitäten kann ausgewählt werden, die Pässe für 3, 5 oder 6 Aktivitäten kosten dann zwischen 35 und 189 €. Unter diese Aktivitäten fallen Bootsfahrten, der Besuch von Denkmälern, Schlössern oder Museen, aber auch der Verleih von Fahrrädern oder die Fahrt im Panoramabus.
de.parisinfo.com

23 Église Saint-Germain-des-Prés

Einst stand sie einsam auf weiten Wiesen, jetzt inmitten des Quartiers

■ Métro 4: Saint-Germain-des-Prés, Place Saint-Germain-des-Prés, www.eglise-saintgermaindespres.fr, 8.30–20, So, Mo ab 9.30 Uhr

Aus der Zeit der Romanik des 10. bis 12. Jh. ist in Paris sehr wenig erhalten, der massive Turm der Kirche von Saint-Germain-des-Prés stammt jedoch in großen Teilen noch aus dem 11. Jh. Die nach dem hl. Germanus, Bischof von

Paris, benannte Abtei, deren Mittelpunkt die Kirche bildet, datiert sogar ins 5. Jh., eine Zeit, in der sie noch weit vor den Toren der Stadt in »den Wiesen« (frz. »des prés«) lag. Sie sollte der Französischen Revolution zum Opfer fallen. Das Kircheninnere erscheint zunächst recht düster. Die Mitte des 19. Jh. in gedeckten Farben gestalteten Wandmalereien von Hippolyte Flandrin verstärken diesen Eindruck noch. Der sehenswerte Chor stammt aus der Übergangszeit von der Romanik zur Gotik. Meist wird er durch Scheinwerfer prächtig in Szene gesetzt.

Sehenswert

Place de Furstenberg

| Platz |

Der kleine Platz gehörte zur Abtei von Saint-Germain und ist nach einem ihrer Äbte, Guillaume-Egon de Fürstenberg (1629–1704), benannt. In seiner Mitte steht ein stattlicher Blauglockenbaum (Paulownia), den jedes Jahr wieder im Frühling Hunderte von lila Blüten bedecken. Ein elegantes Flachrelief, das eine Allegorie der Malerei zeigt, schmückt in einer Platzecke einen Fenstersturz (links von Nr. 8).

Musée national Eugène Delacroix

| Museum |

Der französische Maler der Romantik Eugène Delacroix verbrachte hier von 1857 bis 1863 sehr zurückgezogen die letzten sechs Jahre seines Lebens.

Gefällt Ihnen das?

Dann sollten Sie auch die intime Atmosphäre eines weiteren Künstlerateliers entdecken: In die Welt des Symbolisten **Gustave Moreau** lässt sich in seinem **Museum** (S. 102) eintauchen, das vor allem noch viele Originalwerke des Meisters besitzt.

Das letzte Refugium des Malers Eugène Delacroix ist heute (s)ein Museum

Doch erst 60 Jahre nach seinem Tod verwandelten Sammler und Maler, die das Werk des für seinen intensiven Farbduktus und für sein Gespür für die Gesamtwirkung eines Gemäldes bekannten Delacroix verehrten, das Wohnatelier im Hinterhof der Rue de Furstenberg in ein Museum, das heute dem Louvre angeschlossen ist. Im Louvre ist auch Delacroix' bekanntestes Werk zu bewundern, das im Jahr 1830 unter dem Eindruck der Julirevolution entstandene »Die Freiheit führt das Volk auf die Barrikaden«. Das ihm gewidmete Museum zeigt neben Reisesouvenirs und Manuskripten des Künstlers, den sich auch viele Impressionisten zum Vorbild nahmen, vor allem Werke aus all seinen Schaffensphasen. ■ 6, rue de Furstenberg, www.musee-delacroix.fr, Mi–Mo 9.30–17.30, 1. Do im Monat bis 21 Uhr, 7 €, Kombiticket mit Louvre 17 € (ist am selben Tag zu besuchen, spart Zeit an den Louvre-Kassen!), bis 26 J. und 1. So im Mo sowie am 14. Juli Eintritt frei

Restaurants

€€ | Brasserie Lipp Besonders beliebt bei Politikern, Journalisten und Autoren ist diese über 130 Jahre alte Brasserie, deren Gästeliste sich liest wie ein »Who's who« des öffentlichen kulturellen Lebens. Aufgetischt wird Deftiges vom Hering über Sauerkraut bis zum Kalbskopf, gespeist wird im Art-déco-Ambiente mit großen Spiegeln, Lederbänken und Keramiktäfelung. ■ 151, boulevard Saint-Germain, Tel. 01 45 48 53 91, www.brasserielipp.fr, tgl. 9–0.45 Uhr

Cafés

Café de Flore »Ich habe mich also wieder dauerhaft im ›Flore‹ nieder-

Im Blickpunkt

Pariser Institution: das Bistro

Ein Bistro (auch: Bistrot) ist ursprünglich eine Bar mit Tresen (aus Metall, daher »le zinc« genannt), in der man neben Espresso auch Bier und Wein bekam, gelegentlich begleitet von einfachsten Gerichten. Auch heute stillt man seinen Hunger am kostengünstigsten in einem Bistro.
»Bistraud« nannten sich im 19. Jh. Angestellte von Weinhändlern im Westen Frankreichs. Eine andere Herleitung, die von russischen Soldaten der napoleonischen Ära weiß, die am Montmartre in den Bars »bystro, bystro« – »schnell, schnell« – gerufen haben sollen, um zügig ihren Durst stillen zu können, ist ebenso populär wie falsch. Die ersten Bistros eröffneten »Immigranten« aus der einst strukturschwachen Auvergne, die in Paris als Kohlen-, Holz- oder eben Getränkehändler ihr Glück versuchten. Ihre Bistros in der Nähe von Fabriktoren sollten die Arbeiterschaft zahlreich an ihre Tresen locken. Heute erkennt man die veritablen Bistros am leichtesten an den rot-weiß-karierten Tischdecken oder an der recht übersichtlichen Speisekarte, auf der sich meistens Hausmannskost und günstige Tagesgerichte (»plats du jour«) finden. In den sogenannten Neobistros, die auf eine raffinierte, aber ebenfalls bodenständige Küche und eine gute Weinauswahl Wert legen, muss man schon deutlich tiefer in die Tasche greifen.

Die katholische Pfarrkirche Saint-Sulpice ist das zweitgrößte Gotteshaus der Stadt

gelassen«, schrieb Jean-Paul Sartre 1943 an Simone de Beauvoir. Natürlich gibt es bei den Preisen einen Aufschlag für die Prominenz des »Flore«, aber den Fans von Sartre & Co. ist das nostalgisch verehrte Art-déco-Café das wert. ■ 172, boulevard Saint-Germain, Tel. 01 45 48 55 26, www.cafedeflore.fr, 7.30–1.30 Uhr

24 Église Saint-Sulpice

Eine der größten Kirchen der Stadt und Star in Dan Browns »The Da Vinci Code«

■ Métro 4: Saint-Sulpice, 50, rue de Vaugirard, www.paroissesaintsulpice.paris, tgl. 8–19.45 Uhr

Schaut man genau hinauf zu den mächtigen Türmen, die die Fassade krönen, erkennt man, dass der rechte Turm nie fertig wurde. An Saint-Sulpice wurde nämlich lange gebaut, nachdem Anna von Österreich 1646 den Grundstein gelegt hatte. Die bombastische Fassade entstand sogar erst im 18. Jh. Die Weite des Innenraums kann es mit Notre-Dame aufnehmen. Eine Messinglinie durchzieht den Raum vor dem Chor, auf die durch ein Wandloch exakt zur Mittagszeit die Sonnenstrahlen fallen. Es ist ein Mittagsweiser (»méridienne«), mit dessen Hilfe Kalender- und astronomische Daten errechnet werden können, wovon sich auch Dan Brown in seinem Bestseller inspirieren ließ. Die erste Südkapelle birgt zudem eines der Hauptwerke von Eugène Delacroix, das alttestamentarisch inspirierte Monumentalfresko »Jakobs Kampf mit dem Engel« von 1861.

Einkaufen

Pierre Hermé Hier kann ein Schokoladenei schon mal über 100 € kosten, aber dafür wurde es auch von Pierre Hermé, dem »Papst der Chocolatiers«, geformt (oder doch zumindest erdacht). Zum Glück werden aber auch für weniger Geld Schokoladenträume zum Anfassen, Kaufen und Genießen offeriert. ■ 72, rue Bonaparte, Tel. 01 43

54 47 77, www.pierreherme.com, Mo–Do 11–19, Fr, Sa 10–20 Uhr

Im »Bermudadreieck« der Mode Erst einen Espresso in einem der vielen Cafés um die Kirche Saint-Sulpice trinken – dann kann der Schaufensterbummel beginnen (die Franzosen sagen dazu »faire du lèche-vitrines« – »an den Schaufenstern lecken«). Die Dichte an exklusiven Modeboutiquen ist hier im Quartier Saint-Germain-des-Prés am höchsten. ■ Christian Lacroix, 2–4, place Saint-Sulpice, www.christian-lacroix.com; Saint-Laurent, 6, rue Saint-Sulpice, www.ysl.com; ba-sh, 59, rue Bonaparte, www.ba-sh.com; Vanessa Bruno, 25, rue Saint-Sulpice, www.vanessabruno.fr; Free Lance, 30, rue du Four, www.freelance.fr

25 Église Saint-Séverin

Oase der andächtigen Stille im quirligen Quartier Latin

■ Métro 10: Cluny–La Sorbonne, 1, rue des Prêtres-St-Séverin, www.saint-severin.com, Mo–Sa 9.30–13 und 14–19.30, So 9–13 und 15–20 Uhr

Auch wenn der Bau in seinem Ursprung bis weit ins 13. Jh. zurückreicht, stammt seine Attraktion, der weit ausladende Chor, aus dem späten 15. Jh. Kaum hat man die Kirche betreten, fällt der Blick auf eine seltsam gedrehte Säule in der Mitte des Chores, die ein feines Geäst trägt. Dies sind die perfekt gearbeiteten Rippen des steinernen Gewölbes, das aussieht, als bestehe es aus Baumkronen. Das Meisterwerk der Spätgotik wird von bemalten Fenstern des 20. Jh. gerahmt, die nicht wie sonst bei solchen Bauten üblich figürlich, sondern abstrakt konzipiert sind.

26 Musée de Cluny

Lebendiges Mittelalter – vorbildlich museal präsentiert

■ Métro 10: Cluny–La Sorbonne, 6, place Paul Painlevé, www.musee-moyenage.fr, Mi–Mo 9.30–18.15, 1. und 3. Do im Monat bis 21 Uhr, 12 €, erm. 10 €, bis 26 J. und 1. So im Monat Eintritt frei

Das heutige, im 19. Jh. aus einer herausragenden privaten Sammlung mittelalterlicher Kunst hervorgegangene Museum ist in zwei sehr unterschiedlichen Gebäudekomplexen untergebracht – in den Ruinen der römischen Thermen nämlich und im Wohnhaus der Äbte von Cluny aus der Zeit um 1500. Ein Mittelalter-Garten grenzt das Museum vom lauten Boulevard ab. Hinter den römischen und spätgotischen Mauern verbergen sich Schätze wie der berühmte flandrische Wandteppich der »Dame mit dem Einhorn« (um 1500), Emaillearbeiten aus Limoges des 12. Jh., Elfenbein- und Gold-

ADAC Mittendrin

Pariser Bekanntschaften lassen sich knüpfen, indem man gemeinsam mit den Einheimischen essen geht, sie bei Shopping-Touren begleitet oder gemeinsam Ausstellungen besucht. Auch der Mini-Konversationskurs in einem Pariser Café sowie Koch- und Backkurse können auf dem Programm stehen. Wer also Paris aus einem etwas intimeren Blickwinkel heraus entdecken will, der erkundige sich unter **Meeting the French** (Tel. 01 42 51 19 80, www.meetingthefrench.com).

Im Hof des Collège de France erinnert eine Statue an den Humanisten Guillaume Budé

schmiedekunst, Originalfenster aus der Sainte-Chapelle oder die älteste bekannte Rose aus Gold aus dem frühen 14. Jh. Die Stars der Sammlung sind aber sicherlich die im Jahr 1977 zufällig bei Bauarbeiten im Pariser Untergrund wiederentdeckten Fragmente der Königsskulpturen von Notre-Dame, die die Revolutionäre einst in ihrem antimonarchischen Eifer von ihrer Fassade heruntergeschlagen hatten. Ungemein lebendig erscheinen uns diese noch bis heute, wofür auch originale Farbreste sorgen.

27 Collège de France

In Europa einmalig: ein Mekka der Wissenschaften schon seit 1530

■ Métro 10: Cluny–La Sorbonne, 11, place Marcelin Berthelot, www.college-de-france.fr

Jedem stehen hier die Türen offen, wenn namhafte Wissenschaftler Vorlesungen und Kolloquien zu den unterschiedlichsten Fachgebieten halten. Diese »Fortbildung« für interessierte Laien hatte König Franz I. im 16. Jh. initiiert – angeregt von Guillaume Budé, der ab 1522 die königliche Bibliothek organisierte. Im Collège de France, an dem berühmte Lehrer wie Roland Barthes, Michel Foucault und Paul Valéry lehrten, gibt es weder Diplome noch Prüfungen, denn es geht vielmehr um das humanistische Ideal der freien Wissensvermittlung.

28 Sorbonne

Eine der ältesten Universitäten Europas in einem gewaltigen Bau des 19. Jh.

■ Métro 10: Cluny–La Sorbonne, 1, rue Victor Cousin, Chapelle: Place de la Sorbonne, www.sorbonne-universite.fr

Die heute berühmteste der Pariser Universitäten entstand aus einem Kolleg, das der französische Theologe und

Hofkaplan Robert von Sorbonne im Jahr 1257 für die Studenten der Theologie gegründet hatte. In diesem intellektuellen Zentrum wurde mehr als einmal auch politisch Position bezogen. So stand die Sorbonne etwa während des Hundertjährigen Krieges auf der Seite der englischen Besatzer, bildete aber einen Hort der Résistance gegen die Deutschen im Zweiten Weltkrieg. Und die Studentenunruhen im Mai 1968 wurden größtenteils von der Sorbonne aus organisiert. Heute werden an der Sorbonne Recht, Literatur und Sprachen gelehrt. Der respekteinflößende Universitätsbau, der mehr als einen Häuserblock einnimmt und von einer Sternwarte gekrönt wird, umschließt auch die aus dem 17. Jh. stammende Kapelle. Dieses Beispiel klassischer Architektur ist nur anlässlich von Wechselausstellungen öffentlich zugänglich. Im Innern der Kapelle befindet sich das Grabmal von Kardinal Richelieu, der auch den Anstoß zum Bau der Chapelle de la Sorbonne gab.

29 Jardin du Luxembourg

Einer der Freizeit-Hotspots der Pariser – vor allem an Sonntagen

■ Métro 4: Odéon, Saint-Sulpice, Eingänge Rue de Médicis, Rue de Vaugirard, www.senat.fr/visite/jardin, je nach Jahreszeit Öffnung 7.30–8.15, Schließung 16.30–21.30 Uhr

Die Idee eines großen Parks stammte von Maria von Medici, die sich hier Anfang des 17. Jh. zunächst ein repräsentatives Palais nach italienischen Vorbildern bauen ließ. Das Gebäude ist seit dem 19. Jh. Sitz des französischen Senats, einer der zwei Kammern des Parlaments. Zu Zeiten Maria von Medicis waren die Ausmaße des Parks noch sehr bescheiden, da große Teile der heutigen Fläche bis zur Revolution einer Abtei gehörten. Im 19. Jh. schlug dann die Stunde der Vergrößerung, die überwiegend auf den Vorbildern der streng geometrischen barocken Gartenanlagen des André Le Nôtre basieren, im westlichen Teil aber auch dem verschlungenen englischen Gartenideal folgen. Hier gehört der Park den Kindern, denn schon seit der Mitte des 19. Jh. eröffneten ein Marionettentheater, Spielplätze und Crêpes-Kioske. Auch Ponyreiten ist hier sehr beliebt.

Sehenswert

Musée du Luxembourg

| Museum |

Neben dem Senat liegt ein kleines Museum, das mehrmals im Jahr hochkarätige Kunstausstellungen zeigt. Noch bevor der heutige Bau ab 1884

ADAC Wussten Sie schon?

Irgendwann fällt jedem in Paris eine der dunkelgrün gestrichenen »Fontaines Wallace« aus Gusseisen auf, wo das Trinkwasser kontinuierlich aus einem von vier leicht bekleideten Damen gestützten Dach sprudelt. Die **Trinkwasser-Brunnen** in Paris gehen auf einen frankophilen Engländer namens Richard Wallace zurück. Als Menschenfreund hatte er sie in den schweren Zeiten des Deutsch-Französischen Kriegs von 1870 bis 1871 finanziert und wurde so zu einem beliebten Wohltäter in seiner Wahlheimat.

errichtet wurde, existierte das Musée du Luxembourg bereits seit mehr als 100 Jahren. Zunächst im Ostflügel des Palais du Luxembourg untergebracht, war es seit 1750 das erste der Öffentlichkeit zugängliche, seit 1818 das erste der zeitgenössischen Kunst gewidmete Museum in Frankreich.

■ Métro 4: Saint-Sulpice, 19, rue de Vaugirard, www.museeduluxembourg.fr, nur zu Wechselausstellungen tgl. 10.30–19, Mo bis 22 Uhr, 13 €, erm. 9 €

30 Place du Panthéon

Schon von den Römern bevorzugter Hügel auf der linken Seine-Seite

■ Métro 10: Maubert-Mutualité, Cardinal Lemoine

Zur Zeit der Römer muss hier am Hügel, der höchsten Erhebung auf der linken Seine-Seite, das Forum gelegen haben. Im Mittelalter befand sich dann das religiöse und weltliche Machtzentrum von Paris auf der Île de la Cité, aber der Hügel wurde weiterhin genutzt. Die mächtige Abtei Sainte-Geneviève (hl. Genoveva) ließ hier eine erste Kirche für ihre Schutzpatronin errichten. Es war Ludwig XV., der dann im Jahr 1744 ein Gelübde einlöste und seinen Architekten Germain Soufflot mit dem Bau einer neuen, viel prächtigeren Kirche für die hl. Genoveva beauftragte – das heutige Panthéon.

Sehenswert

Panthéon

| Ruhmestempel |

Die Französische Revolution verwandelte die Kirche in einen patriotischen Ruhmestempel für Frankreichs Geistesgrößen. Die sterblichen Überreste von Mirabeau, Voltaire und Rousseau zogen damals zuerst in die düstere Krypta ein. Die riesigen Hallen des Kuppelbaus zieren Wandgemälde zum

Das Foucaultsche Pendel im Panthéon macht die Erdrotation anschaulich

Leben der hl. Genoveva von Puvis de Chavannes. Der phänomenale Ausblick über ganz Paris lohnt den Aufstieg in die Galerie der Kuppel über dem berühmten Foucaultschen Pendel (3,50 € Aufpreis).

■ www.paris-pantheon.fr, tgl. 10–18 Uhr, 11,50 €, bis 26 J. Eintritt frei

Église Saint-Étienne-du-Mont

| Kirche |

6 *Die Pfarrkirche ist ein sakrales und architektonisches Juwel*

Die Fassade wirkt auf den Betrachter zuerst etwas verwirrend, denn Spätgotik und Renaissance konkurrieren hier miteinander, und so wurde die dem hl. Stephanus (Saint-Etienne) geweihte Kirche nach langer Bauzeit erst 1626 fertig. Der Blick zum Chor im Innern des Gotteshauses ist einzigartig, denn nur hier hat die Chorschranke (Lettner) von 1530 die Zerstörungen der Religionskriege und der Französischen Revolution fast unbeschadet überstanden. Die sich um Säulen windenden Treppen hinauf zum Lettner sind an Eleganz kaum zu überbieten.

■ www.saintetiennedumont.fr, Mo 14.30–19.30, Di–Sa 8.30–13 und 14–19.30, So 8.30–13 und 14–20 Uhr

Parken

Parkhaus Maubert Collège des Bernardins, Einfahrt 37, Boulevard Saint-Germain.

Restaurants

€€ | Le Coupe Chou Hier wird serviert, was garantiert hausgemacht ist. Das alteingessene Restaurant in urigen Mauern und Gewölben setzt auf traditionsreiche französische Küche.

ADAC Wussten Sie schon?

Sophie Berthelot war im Jahr 1907 die erste Frau, die in Frankreichs Ruhmestempel aufgenommen wurde – an der Seite ihres Gatten, des Chemikers Marcellin Berthelot. Mit der 1937 verstorbenen Nobelpreisträgerin Marie Curie, deren sterbliche Überreste 1995 ins Panthéon überführt wurden, und den 2015 darin aufgenommenen Widerstandskämpferinnen Germaine Tillion und Geneviève de Gaulle-Anthonioz ist sie eine von nur vier Frauen (neben 76 Männern), die dieser Auszeichnung für würdig befunden wurden. Am 1. Juli 2018 wurden auch die sterblichen Überreste der 2017 verstorbenen Politikerin und Holocaust-Überlebenden Simone Veil ins Panthéon überführt.

■ 11, rue de Lanneau, Tel. 01 46 33 68 69, www.lecoupechou.com, tgl. 19–22.30 Uhr

€€ | Le Louis Vins Direkt im Quartier Latin: traditionelle Bistroküche mit günstigen Mittagsgerichten, abends wird es etwas teurer. ■ 9, rue de la Montagne Sainte Geneviève, Tel. 01 43 29 12 12, www.lelouisvins.com, Di–Sa 12–14.30 und 19–22.30 Uhr

31 Institut du monde arabe

7 *Spektakulär gestaltetes Schaufenster der arabischen Welt*

■ Métro 7: Jussieu, Métro 10: Cardinal Lemoine, 1, rue des Fossés Saint-Bernard, Place Mohammed V, www.imarabe.org, Di–Fr 10–18, Sa, So bis 19 Uhr, Aussichtsterrasse frei

Institut du monde arabe: hypermodernes Kulturinstitut von Jean Nouvel

Um der arabischen Welt architektonisch Ausdruck zu verleihen, ließ sich der Stararchitekt Jean Nouvel bei diesem 1987 errichteten Bau von der »Maschrabiyya« inspirieren, ein in der traditionellen islamischen Architektur weit verbreitetes dekoratives Fenstergitter aus Holz, das als Schutz vor direkter Sonneneinstrahlung dient. Zeitgenössisch interpretiert, verwandelte er es für die Fassadengestaltung in Hunderte von computergesteuerten Fotoverschlüssen, die den Lichteinfall ins Innere des überwiegend aus Glas errichteten Gebäudes regeln. Neben einer kleinen Museumssammlung arabischer Kunst und interessanten Wechselausstellungen lohnt sich besonders die Auffahrt in gläsernen Aufzügen bis zur 9. Etage, auf der eine Terrasse vor allem den Blick auf die beiden Seine-Inseln, aber auch noch weit darüber hinaus bietet.

P Parken

Parkhaus Maubert Collège des Bernardins (Pass Multi Park), Einfahrt 37, Boulevard Saint-Germain.

32 Jardin des Plantes

Wie ein grüner Teppich vor der Kulisse des Naturkundemuseums

■ Métro 10: Jussieu, Métro 5: Gare d'Austerlitz, Eingänge Rue Buffon, Rue Cuvier, Quai Saint-Bernard, www.jardindesplantes.net, je nach Jahreszeit Öffnung 7.30–8, Schließung 17.30–20 Uhr; große Gewächshäuser Mi–Mo 10–18, Okt.–März tgl. 10–17 Uhr, 7 €, erm. 5 €; Zoo April–Okt. 9–18, Nov.–März bis 17 Uhr, 13 €, erm. 10 €

Die ausgedehnte Anlage mit zum Teil mehrere Hundert Jahre alten Bäumen geht auf den königlichen Garten zurück, den sich Ludwig XIII. von seinem Leibarzt aus medizinischen Gründen anlegen ließ, um die Wirkung verschiedenster Pflanzen auf den Körper zu erforschen. Diese wissenschaftliche Erforschung steht bis heute im Mittelpunkt, beherbergt der »Jardin des Plantes« (Pflanzengarten) doch das renommierte Naturkundemuseum, zu dem auch große Gewächshäuser und ein Zoo gehören. Vor allem aber ist er bei den Parisern an den Wochenenden beliebt.

Sehenswert

Musée national d'histoire naturelle

| Naturkundemuseum |

Der wie ein Schloss aus dem Jardin des Plantes aufragende Museumsbau des 19. Jh. ist berühmt für die Grande Galerie de l'Évolution – eine geschickt in Szene gesetzte Darstellung der Evolutionsgeschichte. Im Erdgeschoss erwartet den Besucher die in blaues Licht getauchte Unterwasserwelt etwa mit beeindruckenden Walskeletten oder einem Riesenkraken. Im 1. Stock gibt es die großen (ausgestopften) Säugetiere zu bestaunen, die nicht etwa in Vitrinen, sondern in einem (beinahe) zum Greifen nahen Defilee präsentiert werden. Im 2. Stock geht es um die Rolle des Menschen in der Evolutionsgeschichte.

■ 36, rue Geoffroy Saint-Hilaire, www.mnhn.fr, Mi–Mo 10–18 Uhr, 10 €, erm. 7 €, bis 26 J. Eintritt frei

Grande Mosquée de Paris

| Moschee |

8 *Ein Hauch von Orient nach dem Vorbild von Fés und Kairouan*

Dem Naturkundemuseum gegenüber liegt die große, 1926 fertiggestellte Moschee. In Gedenken an die fast 100 000 gefallenen französischen Muslime des Ersten Weltkriegs wurde der Bau nach dem marokkanischen Vorbild in Fès errichtet. Das 33 m hohe Minarett orientiert sich an der Moschee im tunesischen Kairouan. Die filigran gearbeiteten Dekorationen, die marokkanische Kunsthandwerker ausführten, sind vor allem im Umgang des großen begrünten Patios zu bestaunen. Teesalon, Restaurant und ein kleiner Souk komplettieren das Ensemble.

■ Métro 7: Censier-Daubenton, 2 bis, place du Puits de l'Ermite, www.mosqueedeparis.net, tgl. außer Fr 9–18 Uhr, 3 €, erm. 2 €; Teesalon, Restaurant 9–24 Uhr, 39, rue Geoffroy-Saint-Hilaire, Tel. 01 43 31 38 20, www.la-mosquee.com

33 Église du Val-de-Grâce

Die einstige Abteikirche der klassischen Epoche gehört heute zum Armeehospital

■ RER B: Port Royal, 1, place Alphonse Laveran, www.ecole-valdegrace.sante.defense.gouv.fr, Museum und Kirche

Musée national d'Historie naturelle: in der Grande Galerie de l'Évolution

Di–Do, Sa, So 12–18 Uhr, Aug. geschl., 5 €, erm. 2,50 €, gelegentlich So ab 17 Uhr Gratiskonzerte (www.valdegrace.org)

Schon 1621 hatte Anna von Österreich hier einen Benediktinerinnen-Konvent einrichten lassen, in den sie sich von Zeit zu Zeit zurückzog, um vom Hofleben im Louvre zu entspannen. 1645 ließ sie zum Dank für dessen lang herbeigesehnte Geburt den damals gerade siebenjährigen Thronfolger Ludwig XIV. den Grundstein legen zur prächtigen Kapelle Val-de-Grâce. Grandios ist der Eindruck bereits beim Blick auf die an römischen Vorbildern orientierte Fassade. Im Inneren fasziniert das riesige Deckengemälde »Der Ruhm

Im Blickpunkt

Hausbau leicht gemacht

Paris wurde durch die Jahrhunderte im wahrsten Sinne des Wortes aus seinem eigenen Untergrund errichtet. Stollen für den Abbau von Kalkstein und Gips lieferten das Material für den Häuserbau und ziehen sich noch heute vor allem unter den südlichen Stadtteilen (Rive Gauche) hindurch, sie bilden auch das Innenleben des Montmartre-Hügels auf der Rive Droite. Einige sind nur wenige Hundert Meter lang, während im Süden der Stadt die in fünf bis 30 m Tiefe verlaufenden Stollen ein Gewirr von mehr als 100 km Länge bilden. Nachdem es im 18. Jh. zu Einbrüchen kam, wurden die Stollen überwacht und ihre Zugänge verschlossen. Einige dienten nach der Auflösung innerstädtischer Friedhöfe als Beinhäuser, die Millionen von Knochen aufnahmen und heute die Besucher der Pariser Katakomben erschaudern lassen.

der Glückseligen« von Pierre Mignard. Vor dem Hochaltar schrauben sich wie in der Peterskirche in Rom gedrechselte Säulen à la Bernini empor.

34 Catacombes

Gruseliger Abstieg in die ehemaligen Kalkstollen, die zu Beinhäusern wurden

■ Métro 4, 6: Denfert-Rochereau, 1, avenue du Colonel Henri Rol-Tanguy (Place Denfert-Rochereau), www.catacombes.paris.fr, Di–So 10–20.30 Uhr, 29 €, erm. 27 €, Last-minute-Tickets für denselben Tag 15 €, erm. 13 €, alle Tickets (mit Zeitfenster) nur im Internet erhältlich

Bereits seit dem Mittelalter baute man den Kalkstein unterirdisch ab, um mit dem »Pierre de Paris« die oberirdische Stadt zu errichten. Unter einem Großteil der Rive Gauche, aber auch nördlich der Seine, verlaufen mehrere Kilometer lange Stollen, die an einigen Stellen beachtliche Deckenhöhen erreichen. Vor der Französischen Revolution mussten einige von ihnen konsolidiert werden, da sich schon Einbrüche ereignet hatten. Zur selben Zeit löste Paris eine Vielzahl von innerstädtischen Friedhöfen aus hygienischen Gründen auf und verbrachte die Gebeine in stillgelegte Kalkstollen. Genau genommen ist der Begriff Katakomben dafür nicht korrekt, handelt es sich dabei doch eher um geheime unterirdische Begräbnisstätten, wie man sie aus dem antiken Rom kennt. Die Knochen wurden zunächst ungeordnet in den Stollen gebracht und später geordnet nach Form und in dekorativen Mustern entlang der Stollenwände aufgeschichtet. Bei konstant kalten 14 Grad läuft jedem Besucher ein Schauer über den Rücken, wenn er diese Totenwelt in etwa 45 Min. durchwandert.

35 Fondation Cartier

Vitrine für zeitgenössische Kunst der traditionsreichen Luxusmarke

■ Métro 4, 6: Raspail, 261, boulevard Raspail, www.fondationcartier.com, nur zu Wechselausstellungen geöffnet Di–So 11–20, Di bis 22 Uhr, 11 €, erm. 5–7,50 €

Eine hohe gläserne Wand am Boulevard Raspail schirmt ab und lädt doch auch ein, den hinter ihr sichtbaren großen Garten zu entdecken. Darin steht ein im Jahr 1994 überwiegend aus Glas errichtetes Gebäude. Konstruiert wurde es von Jean Nouvel für die einige Jahre zuvor gegründete Fondation Cartier. Der weltberühmte Luxuskonzern, der seit der Mitte des 19. Jh. zunächst erlesene Schmuckstücke herstellte und 1904 die erste Armbanduhr der Welt erfand, hatte eine Stiftung für zeitgenössische Kunst ins Leben gerufen. Skulpturen im Garten und hochkarätige Wechselausstellungen locken seither ein treues Publikum an.

36 Cimetière du Montparnasse

Letzte Ruhestätte u. a. von Baudelaire, Simone de Beauvoir und Sartre

■ Métro 4,6: Raspail, Métro 6: Edgar Quinet, Haupteingang 3, boulevard Edgar Quinet, Mo–Fr 8–18, Sa 8.30–18, So 9–18, 6. Nov.–15. März bis 17.30 Uhr

Wie so viele Friedhöfe in Paris ist auch dieser eine Pilgerstätte. Chansonfans

Notre-Dame-du-Travail: auch von der Optik her ein Symbol für die Arbeiterschaft

treffen sich am Grab von Serge Gainsbourg, Leseratten bei Simone de Beauvoir, Jean-Paul Sartre, Charles Baudelaire, Guy de Maupassant oder Samuel Beckett, Musikbegeisterte huldigen den Komponisten Camille Saint-Saëns oder César Franck, und Kunstfreunde suchen die Gräber von Antoine Bourdelle, Tristan Tzara oder Man Ray. Auch die das Grab einer unbekannten Russin krönende Skulptur »Der Kuss« des Künstlers Constantin Brâncuşi wird gern angesteuert. Eine Erkundung auf diesem seit 1824 existierenden Friedhof mit seinen über 35 000 Gräbern verspricht so manche Entdeckung.

Sehenswert

Tour Montparnasse

| Aussichtsturm |

Dieses Hochhaus gehört sicher nicht zu den ästhetisch gelungensten Bauwerken in Paris, aber es bleibt nach dem Eiffelturm das höchste Gebäude mit seinen 210 m und einer phänomenalen Aussichtsplattform im 50. Stock, zu der man in nur 38 Sek. per Aufzug gelangen kann. Im Gegensatz zur obersten Etage des Eiffelturms ist die Panoramaplattform weitläufig und hat einen ganz besonderen Vorzug: Man sieht von hier auf den nahen Eiffelturm! Besonders lohnend ist dies am Abend, wenn die Tour Eiffel zur vollen Stunde 10 Min. lang von Tausenden von flackernden Lichtern illuminiert wird. Anfang der 1970er-Jahre ersetzte der Büroturm den alten Montparnasse-Bahnhof des 19. Jh. Er lockt knapp 1 Mio. Besucher pro Jahr an, die sich auf sein Dach bringen lassen, und bietet immerhin 8000 Angestellten tagsüber einen Arbeitsplatz.

■ Métro 4, 6, 12, 13: Montparnasse–Bienvenue, 33, avenue du Maine, Kassen am

Fuße des Turms, Seite Rue de l'Arrivée, www.tourmontparnasse56.com/fr, April–Sept. 9.30–23.30, Okt.–März bis 22.30 Uhr, 20 €, erm. 8–14 €, bis 4 J. frei

Restaurants

€€ | Crêperie Saint-Malo Nach vorzüglichen »Galettes« oder Crêpes möchte man am liebsten in den Zug steigen – von der nahen Gare Montparnasse brausen die TGVs direkt in die Bretagne. ■ 53, rue du Montparnasse, Tel. 0173738486, www.creperie-saint-malo-paris.fr/de, Di–So 11–14.30 und 18.30–23.30 Uhr

37 Église Notre-Dame-du-Travail

Der Kirchenraum für die Arbeiterschaft mit faszinierender Metallkonstruktion

■ Métro 13: Pernéty, 59, rue Vercingétorix, Ecke 36, rue Guilleminot, www.notredamedutravail.net, Mo–Fr 7.30–19.45, Sa, So 8.45–19.30 Uhr

Wer im Innern genau hinschaut, der sieht, dass diese 1902 eingeweihte Kirche aus einer Metallstruktur besteht. Gewölbe, Rundbögen, Emporen und Maßwerkrosetten erinnern an gotische Architekturen. Der Eiffelturm stand damals gerade erst ein Jahrzehnt, und das Experimentieren mit dem Baustoff Metall faszinierte viele Architekten. Doch der Name Notre-Dame-du-Travail (»Liebfrauenkirche der Arbeit«) lässt noch auf andere Ambitionen schließen. Dieser Bau sollte eine Arbeiterbevölkerung bei ihrem sonntäglichen Kirchgang an die (metallenen) Fabriken erinnern, in denen sie unter der Woche ihrem Broterwerb nachgingen.

38 Place de Catalogne

Eine Hymne an die Postmoderne des katalanischen Architekten Ricardo Bofill

■ Métro 13: Gaité

In der Mitte des runden Platzes scheint eine runde, aus granitenen Pflastersteinen bestehende Platte mit 30 m Durchmesser leicht geneigt im Boden versinken zu wollen. Über ihre Oberfläche fließt Wasser ab. »Schmelztiegel der Zeit« nannte der polnische Künstler Shamaï Haber 1988 sein Kunstwerk. Umstanden wird der Platz von postmodernen Bauten des katalanischen Architekten Ricardo Bofill, der sich hierfür an barocken Schlossarchitekturen mit ihren kannelierten Säulen und Portiken orientierte. Durch einen dieser Durchgänge erblickt man einen interessanten Kirchenbau ...

Im Blickpunkt

Olympia 2024 in Paris

Einstimmig fiel die Abstimmung aus, als das Internationale Olympische Komitee im September 2017 auf seiner Vollversammlung in Lima beschloss, dass Paris im Jahr 2024 und vier Jahre später Los Angeles die Olympischen Sommerspiele ausrichten werden. Beide Städte werden dann bereits zum dritten Mal als Gastgeber fungieren: Paris richtete die Spiele zuvor in den Jahren 1900 und 1924 aus, Los Angeles 1932 und 1984. Zu den vorbereitenden Maßnahmen in Paris gehört auch die Komplettsanierung der in die Jahre gekommenen Tour Montparnasse.

39 Musée Bourdelle

Ein Atelier-Museum – als sei der Meister gerade zur Tür hinausgegangen

■ Métro 12: Falguière, 18, rue Antoine Bourdelle, www.bourdelle.paris.fr, Di–So 10–18 Uhr, Eintritt frei (außer bei Wechselausstellungen)

Der Bildhauer Antoine Bourdelle war Schüler und Assistent Auguste Rodins sowie Lehrer von Alberto Giacometti und Aristide Maillol. Über 40 Jahre, bis zu seinem Tod 1929, bewohnte er das große Atelier. Ende der 1940er-Jahre machte die Stadt Paris daraus ein Museum, in dem auch nach den Erweiterungsbauten der letzten Jahrzehnte noch Atelieratmosphäre vorherrscht. Zeichnungen, Skizzen, erste Entwürfe auf Holzschemeln – fast meint man, der Künstler habe das Atelier gerade erst verlassen. Einige der hier in Gips vorbereiteten Werke finden sich heute in Bronze gegossen im Pariser Stadtbild, etwa Bourdelles berühmte, 1922 entstandene Skulpturengruppe »La France« vor dem Palais de Tokyo.

ADAC Mittendrin

Man denkt bei einem Parisbesuch vielleicht nicht unbedingt ans Sonnenbaden, doch im Hochsommer kann dies auch in Paris verlockend sein. Da große Abschnitte der Seine-Ufer endgültig für den Autoverkehr gesperrt wurden, verbreiten die aufgeschütteten Sandstreifen von **Paris Plage** echte Ferienstimmung bei den daheim gebliebenen Parisern, die dieses städtische Angebot liebend gern annehmen. Aber auch asphaltmüde Parisbesucher sind hier herzlich willkommen.
www.paris.fr

Restaurants

€€ | La Coupole In der größten Pariser Brasserie speist man traditionell deftig wie bereits die Künstler und Literaten der Zwischenkriegszeit. Ein Blickfang ist die im Art déco gestaltete Innenausstattung. ■ Métro 4: Vavin, 102, boulevard du Montparnasse, Tel. 01 43 20 14 20, www.lacoupole-paris.com, Mo–So 8–24 Uhr

40 Musée Maillol

Historisches Palais für den Klassiker unter den französischen Bildhauern des 20. Jh.

■ Métro 12: Rue du Bac, 59-61, rue de Grenelle, www.museemaillol.com, tgl. 10.30–18.30, Mi bis 22 Uhr, 16 €, erm. 14 €, 6–18 J. 12 €

Die bronzenen Frauenfiguren Aristide Maillols bevölkern die Heckenlabyrinthe am Louvre. Als Modell diente ihm seine Muse Dina Vierny, die diese Bronzen im Jahr 1964 dem französischen Staat schenkte. Dina Vierny hatte den damals 73 Jahre alten Maillol 1934 kennengelernt, als sie selbst erst 15 Jahre alt war. Sie war es dann auch, die 1995 das private Museum in einem Palais aus dem 17. Jh. zum Andenken an den verehrten Meister gründete und es bis zu ihrem Tod im Jahr 2009 leitete. Darin sammelte sie zudem noch Kunst von Bonnard, Cézanne, Degas, Redon, Valladon und Picasso, deren Werke heute ebenfalls in diesem sehr intimen Museum neben Maillols berühmten Skulpturen ausgestellt sind.

Am Abend

Im Quartier Saint-Germain-des-Prés und Quartier Latin, aber auch im Viertel von Montparnasse finden sich die meisten Bars, Kinos und Theater auf der Rive Gauche. Zwischen dem Seine-Ufer und dem Panthéon-Hügel gibt es ungezählte Bars und Bistros, die von Studenten angesteuert werden. Im Saint-Germain-des-Prés existieren auch noch einige der Jazzkeller, die in der Nachkriegszeit für das Renommee als Ausgehviertel sorgten. Vor allem ist das Viertel um die Place de l'Odéon als Kinomeile bekannt. Auch steht hier das Flaggschiff der Theater, L'Odéon. Die meisten Theater auf der Rive Gauche findet man in der Rue de la Gaîté.

Kinos

Le Champo-Espace Jacques Tati
Eines der letzten Kinos, die sich ganz dem Autorenkino und Dokumentarfilm verschrieben haben. ■ 51, rue des Écoles, Tel. 01 43 54 51 60, www.cinema-lechampo.com, Métro 10: Cluny–La Sorbonne

Le Saint-André-des-Arts Ambitioniertes Programm-Kino mit langer Tradition, das nicht nur große Filmklassiker zeigt, sondern auch aktuelle, aber kleinere Produktionen. ■ 30, rue Saint-André-des-Arts, Tel. 01 43 26 48 18, cinesaintandre.fr, Métro 4: Saint-Michel

Bühne

L'Odéon-Théâtre de l'Europe Auf dieser klassischen Bühne wurde und wird »europäisch« gespielt, also etwa 1827 erstmals Shakespeare-Stücke in Originalsprache aufgeführt oder heutzutage Thomas Ostermeiers Inszenierung von Shakespeares »Richard III.« in deutscher Sprache gegeben, für das heimische Publikum untertitelt. ■ 6, place de l'Odéon, Tel. 01 44 85 40 40, www.theatre-odeon.fr, Métro 4, 12: Odéon

Paradis Latin Eine der typischen Pariser Revuen mit vielen Federn, Cancan-Tanz, aber auch bisweilen mit Akrobatik und Schauspieleinlagen. Wie sein Konkurrent, das legendäre Moulin Rouge auf dem gegenüberliegenden Seine-Ufer, der Rive Droite, ist das Paradis Latin nun schon über 100 Jahre alt. ■ 28, rue du Cardinal-Lemoine, Tel. 01 43 25 28 28, www.paradislatin.com, Métro 10: Jussieu, Mi–Mo Dîner 20 Uhr, 160 €, nur Show 21.30 Uhr, ab 80 €

Théâtre Bobino Einst die bekannteste Pariser Music Hall, in der Chansongrößen von Juliette Gréco über Georges Brassens bis Gilbert Bécaud sangen. Heute kommen hier auch Musicals und Comedy auf die Bühne. ■ 14–20, rue de la Gaîté, Tel. 01 43 27 24 24, www.bobino.fr, Metro 13: Gaîté

Kneipen, Bars und Clubs

Le 48 Cocktail Club Hier haben sich eher alternativ gestimmte Weltenbummler zusammengetan und mixen aus den verschiedensten Reiseerinnerungen ihre individuellen Favoriten unter den exotischen Getränken. ■ 48, rue du Montparnasse, Métro 4: Vavin, Di–Sa 17–2 Uhr

Le Castor Club Sehr rustikal geht es hier zu. Der Club liegt versteckt hinter einer Eingangstür mit dicken Holz-

Kein Sein ohne Design: Im stilvoll eingerichteten Hôtel Henriette an der Rue des Gobelins erwartet den Gast ein so angenehmes wie durchgestyltes Ambiente

planken. Passend zu seiner äußeren Erscheinung ist auch das Innendesign gestaltet: Man fühlt sich wie in einem »Speakeasy« – einer der legendären »Flüsterkneipen« im Amerika der Prohibition der 1930er-Jahre. ■ 14, rue Hautefeuille, Tel. 09 50 64 99 38, Métro 4: Odéon, Di, Mi 19–2, Do–Sa 19–4 Uhr

Le Caveau de la Huchette Für wahre Jazzfans führt im Pariser Quartier Latin schon seit mehr als 70 Jahren kein Weg an diesem atmosphärischen, in historischen Gewölben untergebrachten Club vorbei. Er gilt als Europas ältester Jazzkeller. ■ 5, rue de la Huchette, Tel. 01 43 26 65 05, www.caveaudelahuchette.fr, Métro 4: Cité, So–Mi 21.30–2.30, Do–Sa und vor Feiertagen von 21.30 Uhr bis in den frühen Morgen, 14–16 €

Le Hibou Beliebt vor oder nach einem Kinobesuch im Odéon-Viertel, im Sommer auf der Terrasse, sonst eher im Innern mit rustikalem Zink-Tresen, schweren Ledersesseln und dunkler Holzvertäfelung. ■ 16, carrefour de l'Odéon, Tel. 01 43 54 96 91, www.lehibou-paris.com, tgl. 8–2, Fr, Sa bis 3 Uhr

Le Rosebud In Orson Welles Filmklassiker von 1941, »Citizen Cane«, spielt das rätselhafte Wort »Rosebud« (Rosenknospe) sowohl am Anfang als auch am Ende des Werks eine Schlüsselrolle. Bei einem der guten Cocktails lässt es sich hier im Ambiente der 1930er- und 1940er-Jahre trefflich über dessen Bedeutung spekulieren. ■ 11 bis, rue Delambre, Tel. 01 43 35 38 54, tgl. 19–2 Uhr

Übernachten

Ein Hotel mitten in Saint-Germain-des-Prés zu wählen, kommt einen meist teuer zu stehen. Das Quartier ist vor allem bei amerikanischen Reisenden als Pariser »Left Bank« sehr bekannt und bei einer Reise an die Seine ziemlich begehrt. Entsprechend hoch sind hier die Preise. Doch je weiter man sich von der Gegend zwischen Musée d'Orsay, Odéon und Boulevard Raspail entfernt, desto erschwinglicher wird die Übernachtung.

€

Hôtel du Parc Montsouris Bei dieser (aussichtsreichen) Lage am Park nimmt man schon gern in Kauf, abseits vom Stadtzentrum zu wohnen. ■ 4, rue du parc Montsouris, Tel. 01 45 89 09 72, www.hotel-parc-montsouris.com, Métro 4: Porte d'Orléans

9 **Hôtel Henriette** Stilsicheres Gespür für zeitgenössisches Design, dazu Möbel im Vintage-Look und alles vereint in einem Altbau mit kleinem Patio. Jedes Zimmer hat seine eigene (Design-)Note. ■ 9, rue des Gobelins, Tel. 01 47 07 26 90, www.hotelhenriette.com/de, Métro 7: Les Gobelins

Hôtel Solar Hier geht es eher spartanisch zu, aber das ist Programm. Einheitspreis für alle Zimmer, garantiert biologisches Frühstück inklusive. Umweltfreundlichkeit wird großgeschrieben, da dürfen auch (kostenlose) Leihfahrräder nicht fehlen. ■ 22, rue Boulard, Tel. 01 43 21 08 20, www.solarhotel.fr, Métro 4, 6: Denfert-Rochereau

€€

Hôtel Arcadie Montparnasse Nomen est omen: Im Hôtel Arcadie Montparnasse wohnt man so unbeschwert wie einst die Hirten in Arkadien. Dafür sorgen klare Farben, wodurch die Zimmer hell und luftig wirken. ■ 71, avenue du Maine, Tel. 01 43 20 91 11, www.hotelarcadie.com, Métro 13: Gaîté

Hôtel des Grandes Écoles Dieses Hotel könnte auch in England stehen, so blumig und klassisch eingerichtet, wie es ist. Abgeschirmt von der Straße in einem üppig begrünten Hinterhof gelegen, herrscht hier fast schon ländliche Atmosphäre. Mitten im Quartier Latin ist das schon eine Leistung! ■ 75, rue Cardinal Lemoine, Tel. 01 43 26 79 23, www.hoteldesgrandesecoles.com, Métro 10: Cardinal Lemoine

Hôtel Observatoire Luxembourg Ein familiär geführtes Hotel mit gediegenem Charme und Zimmern in gedeckten Farben. Der größte Vorteil: Direkt auf der anderen Seite des Boulevards liegt der Jardin du Luxembourg. ■ 107, boulevard Saint-Michel, Tel. 01 46 34 10 12, www.observatoirehotel.com, Métro 4: Vavin, RER B: Luxembourg

€€€

Hôtel des Marronniers Mit Blick auf den Kastanienbaum (frz. »marronnier«) im Innenhof, glaubt man kaum, in der Innenstadt zu sein. Zentraler (und zu noch akzeptablen Preisen) und stilvoller im schicken Saint-Germain-des-Prés zu wohnen ist kaum möglich. ■ 21, rue Jacob, Tel. 01 43 25 30 60, www.hoteldesmarronniers.com, Métro 4: Saint-Germain-des-Prés

Im schicken Pariser Westen

Breitere Avenuen, teurere Boutiquen, größere Wohnungen, höhere Quadratmeterpreise – all das kennzeichnet den Westen von Paris

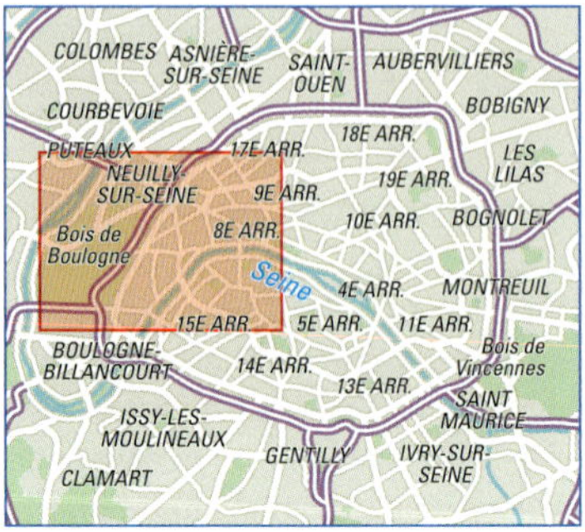

Wer in den »beaux quartiers«, den »schönen Vierteln« rund um Parc Monceau, Champs-Élysées, Eiffelturm, Invalidendom oder in Auteuil und Passy, leben möchte, der muss schon tief in die Tasche greifen. Die meisten Boulevards scheinen hier großzügiger gestaltet, die Fassaden der Haussmannschen Wohnhäuser öfter restauriert worden zu sein. Die geschäftigen Champs-Élysées einmal ausgenommen, spielt sich auf den stets frisch gekehrten Bürgersteigen weniger Leben ab als anderswo in der Stadt. Gepflegte Restaurants bestimmen hier eher das Bild als Bars und Bistros. Doch die für Paris so typischen Einkaufsstraßen mit ihren vielen Lebensmittelläden lockern auch im schicken Westen das elegante Straßenbild auf. Und zu sehen gibt es auch eine ganze Menge: imposante Großbauten wie den Invalidendom mit dem Grab von Napoleon I. oder den gewaltigen Komplex des Armeemuseums, die Militärschule und natürlich den Eiffelturm. Sie alle locken den Paris-Besucher links der Seine in den Westen. Ebenfalls im Westen, aber auf der gegenüberliegenden Seite der Seine, hat die Weltausstellung im Jahr 1937 mit dem Palais du Tokyo und an der Place du Trocadéro eindrucksvoll ihre Spuren hinterlassen.

In diesem Kapitel:

ADAC Top Tipps:

6 Arc de Triomphe
| Triumphbogen |

Für Napoleon konnte es nie groß genug sein. Seinen siegreichen Armeen zum Gedenken triumphiert dieser überdimensionierte Bogen am oberen Ende der Champs-Élysées. 77

7 Eiffelturm
| Turm |

Für die einen das »eiserne Ungeheuer« der Weltausstellung 1889, für die anderen eine Meisterleistung der Ingenieurskunst. Welches andere Wahrzeichen hat mehr Polemiken ausgelöst und steht immer noch? 82

ADAC Empfehlungen:

10 Museé Jacquemart-André
| Museum |

In diesem schicken Palais des 19. Jh. gaben sich einst die Reichen und Schönen von Paris die Klinke in die Hand. Heute fasziniert eine grandiose Kunstsammlung die Besucher. 74

11 Musée Rodin
| Museum |

»Mieter für altes Palais gesucht«, hieß es um 1910: Auguste Rodin griff zu, lebte und arbeite hier bis zu seinem Tod 1917. Heute beherbergt das elegante Palais mit famosem Garten seinen künstlerischen Nachlass. 81

12 Bistro Saint Dominique
| Restaurant |

Klein, aber fein präsentiert sich das Restaurant mit raffinierter Küche und einladender Terrasse, geführt vom hochbegabten Chefkoch Alexandre Linsolas. 85

13 Musée Marmottan
| Museum |

Ein reich (von Künstlererben) beschenktes Museum am Stadtrand, das auch die weltweit bedeutendste Sammlung von Werken Claude Monets besitzt. 90

14 Fondation Louis Vuitton
| Architektur |

Frank Gehry hat hier dem weltgrößten Luxuskonzern ein architektonisches Statussymbol für dessen hochkarätige Kunstsammlung gebaut. 90

15 Hidden Hotel
| Hotel |

In diesem »versteckten« Design-Hotel mit viel Holz und Naturstein vergisst man schnell den brodelnden Autoverkehr am nahen Arc de Triomphe. 93

41 Parc Monceau

Teures Wohnen mit Aussicht auf einen englischen Landschaftsgarten

■ Métro 2: Monceau, 35, boulevard de Courcelles (weitere Eingänge Av. Vélasquez, Av. Van Dyck, Av. Ruysdael), Sommer 7–22, Winter bis 20 Uhr

Schon Kurt Tucholsky erholte sich hier »vom Vaterlande« und schrieb 1924: »Hier ist es hübsch. Hier kann ich ruhig träumen. Hier bin ich Mensch – und nicht nur Zivilist.« Vielleicht hatten es ihm ja die herrschaftlichen Häuser angetan, die mit ihren Gärten auch heute noch direkt an den über 200 Jahren alten Park grenzen. Ein schottischer Gartenbauer hatte ihm Ende des 18. Jh. sein heutiges unregelmäßiges, mit kleinen Brücken, künstlichen Grotten, Kaskaden und Ruinen im Renaissancestil garniertes Aussehen verliehen. Symmetrie, die französische Parks seit Ludwig XIV. bestimmten, sucht man hier vergebens.

42 Musée Nissim de Camondo

Architekturträume eines reichen Bankiers

■ Métro 2, 3: Villiers, 63, rue de Monceau, Mi–So 10–17.30 Uhr, www.madparis.fr, 12 €, erm. 9 €, bis 26 J. Eintritt frei

Moïse de Camondo, einer der reichsten Bankiers zu Beginn des 20. Jh., hat sich hier einen Traum verwirklicht. Als bescheidenes Vorbild für sein repräsentatives Palais mit Gartenfront auf den Parc Monceau diente das kleine Trianon-Schloss in Versailles. Camondos Leidenschaft galt den dekorativen Künsten des 18. Jh., mit denen er sich in seinem Palais umgab. Vom Porzellan über erlesene Möbel und Wandverkleidungen bis hin zu Gemälden spiegelt hier alles den Lebensstil des 18. Jh., doch moderner Wohnkomfort des frühen 20. Jh. wie Zentralheizung und Aufzüge durften ebenfalls nicht fehlen. Nachdem sein Sohn Nissim im Ersten Weltkrieg fiel, vermachte er sein Palais später dem französischen Staat unter der Auflage, das künftige Museum nach seinem Sohn zu benennen.

43 Musée Jacquemart-André

10 *Ein einzigartiges Luxuspalais Kunstsinniger der Belle Époque*

■ Métro 9: Miromesnil, Saint-Philippe du Roule, 158, boulevard Haussmann, www.musee-jacquemart-andre.com, tgl. 10–18, Mo bis 20.30 Uhr (bei Ausstellungen), 12 €, erm. 10 €, bei Ausstellungen 16/13 €

Édouard André, ein kunstbeflissener Bankhauserbe, und Nélie Jacquemart, eine renommierte Porträtmalerin und Sammlerin italienischer Renaissancekunst, trugen seit ihrer Hochzeit im Jahr 1881 auf Reisen durch ganz Europa eine herausragende Sammlung zusammen, mit der sie das stattliche, bereits 1875 von Édouard André erbaute Palais am Boulevard Haussmann zierten. Die rauschenden Feste der Belle Époque, die hier gefeiert wurden, spielten sich vor Gemälden von François Boucher, Frans Hals oder Rembrandt ab, während im marmornen Treppenhaus ein Originalfresko des Venezianers Giambattista Tiepolo bewundert werden konnte. Im 1. Stock hatte Nélie Jacque-

Musée Jacquemart-André: Schöner Wohnen in der Belle Époque

mart ihr »italienisches Museum« mit Werken von Paolo Uccello, Sandro Botticelli und Andrea Mantegna eingerichtet. Nach dem Tod ihres Mannes überschrieb sie das Palais dem Institut de France, das es im Jahr 1913 als Museum eröffnete.

Cafés

Im **Café Jacquemart**, das im ehemaligen Speisesaal eröffnet wurde, speist man noch heute umgeben von wertvollen Tapisserien.

44 Cathédrale Alexandre-Nevsky

Ein Hauch von Russland mit vergoldeten Zwiebeltürmchen, wertvollen Ikonen

■ Métro 2: Ternes, 12, rue Daru, Tel. 01 42 27 37 34, www.cathedrale-orthodoxe.com, Di, Do, So 15–18 Uhr, russische Messe Sa 18, frz. So 10.30 Uhr (in der Krypta)

Alexander Newski war ein russischer Fürst des 13. Jh. Diesem Heiligen der orthodoxen Kirche wurde hier 1861 eine Kathedrale im byzantinischen Stil errichtet. Die fünf Türme symbolisieren Christus und die vier Evangelisten. Beim Einbiegen in die Rue Pierre le Grand, wo sich der schönste Blick auf den Kirchenbau bietet, überraschen die vergoldeten Turmbekrönungen. Dem zweistündigen orthodoxen Gottesdienst mit Gesang beim Flackern unzähliger Kerzen beizuwohnen ist beinahe ein mystisches Erlebnis.

Einkaufen

Marché Poncelet-Bayen Westlich der Place Ternes zweigt die Rue Poncelet ab: zwei kleine Straßen, ein Markt. Vom Metzgerladen über Käsehändler bis zum Patissier und davor Obststände – ein Mekka, nicht nur für Hobbyköche. ■ Rue Poncelet und Rue Bayen, Di–So 9–13, Di–Sa 15–19 Uhr

45 Avenue des Champs-Élysées

Für stolze Pariser die prächtigste Avenue der Welt – für Besucher ein Muss

■ Métro 1, 2, 6: Charles-de-Gaulle–Étoile, Métro 1, 9: Franklin D. Roosevelt, Métro 1, 13: Champs-Élysées–Clemenceau, Métro 1, 8, 12: Concorde

Wo sonst in Paris könnte man den 14. Juli, die Ankunft der Tour de France, Jahrestage der Französischen Revolution oder den Silvesterabend besser feiern als hier? Die beinahe 2 km lange und mehr als 70 m breite Avenue bietet sicher den idealen Rahmen. In ihrem unteren Teil von Parkanlagen umgeben, drängeln sich im oberen Teil zwischen Rond-Point des Champs-Élysées und Arc de Triomphe überwiegend die modernen Bürofassaden von Fluggesellschaften und Automarken oder die Schaufenster einiger Kaufhäuser und Shopping Malls. Das Stammhaus der Luxusmarke Louis Vuitton (Nr. 101) ist hier der absolute Hingucker. Kaum vorstellbar, dass an der gleichen Stelle noch Anfang des 19. Jh. Kühe weideten. Erst der Bau des Triumphbogens 1836 sollte aus der damals »Avenue des Tuileries« genannten und mit Bäumen bepflanzten Allee allmählich die heutige Flaniermeile werden lassen.

Am 14. Juli, dem französischen Nationalfeiertag, auf der Avenue des Champs-Élysées

Sehenswert

Arc de Triomphe

| Triumphbogen |

6 *Napoleons Triumphbogen bietet einen fantastischen Ausblick*

Im Mittelpunkt der Place de l'Étoile, die mit ihren zwölf sternförmig abzweigenden Straßen Mitte des 19. Jh. angelegt wurde, ragt der riesige Triumphbogen empor, den Napoleon I. nach der siegreichen Schlacht von Austerlitz 1805 für seine Armeen errichtet wissen wollte. Napoleon sollte die Fertigstellung des fast 50 m hohen Bauwerks nicht mehr erleben, denn der Arc de Triomphe wurde erst im Jahr 1836, 15 Jahre nach seinem Tod, fertiggestellt. Ihn schmücken große Reliefs auf den beiden Hauptseiten. Auf die Champs-Élysées hinunter schaut ein von der Allegorie des Ruhmes mit einem Lorbeerkranz bekrönter Napoleon. Daneben stimmt die Personifikation der »Marseillaise« das Lied der Freiwilligen-Armee von Marseille an, das zur Nationalhymne werden sollte. In der Mitte unter dem Zentralbogen flackert am Grabmal des unbekannten Soldaten eine ewige Flamme, die jeden Abend um 18.30 Uhr neu entzündet wird. Abends ist der Blick von der oberen Aussichtsterrasse sensationell. ■ Place Charles-de-Gaulle–Étoile, www.paris-arc-de-triomphe.fr, April–Sept. 10–23, Okt.–März bis 22.30 Uhr, 13 €, bis 26 J. Eintritt frei

Restaurants

€€ | Beef Bar Nichts für Vegetarier! Dieser neue Tempel für Freunde von Fleischgerichten wird vom Imperium des Italieners Giraudi mit dem Fleisch der edelsten Rinderrassen der Welt beliefert. Das denkmalgeschützte Jugendstilambiente verwöhnt obendrein die Augen. ■ 5, rue Marbeuf, www.beefbar.com, Mo–Fr 12–14.30, Sa, So 12.30–15, tgl. 19.30–23.30 Uhr

Einkaufen

Luxusmode rund um die Champs-Élysées Den Tempel des Modeimperiums von Louis Vuitton (Ecke Champs-Élysées/Avenue Georges V) genauer unter die Lupe zu nehmen, dauert schon eine Weile, denn es sind mehrere Stockwerke. Auch bilden sich oft Kundenschlangen vor den Eingängen. Wer die Avenue Georges V und die Rue François 1er weiter hinunter bis zu der berühmten Avenue Montaigne bummelt, der bekommt dort auf seinem Weg ein verführerisches Defilee der bekanntesten (und teuersten) französischen Modemarken geboten. ■ Louis Vuitton, 101, avenue des Champs-Élysées, fr.louisvuitton.com, Balmain, 44, rue François 1er, www.balmain.com, Courrèges, 40, rue François 1er, www.courreges.com, Chanel, 51, avenue Montaigne, www.chanel.com/fr

46 Palais de l'Élysée

Ganz nach dem Geschmack der Marquise von Pompadour

■ Métro 1, 9: Franklin D. Roosevelt, 55, rue du Faubourg Saint-Honoré, www.elysee.fr/de

Erst seit 1873 residiert in diesem Palais mit großem Empfangshof und ausgedehnten Gartenanlagen der französische Staatspräsident. Es war vor allem Madame de Pompadour, die Mitte des 18. Jh. das damals seit knapp 30 Jahren stehende Palais erstand und es nach ihren Vorstellungen umbauen ließ. Anschließend sah der Élysée-Palast unterschiedlichste Besitzer und diente während der Französischen Revolution sogar als Vergnügungsort mit Spielsalons und Cafés. Tanzbälle wurden hier ebenso veranstaltet wie Feuerwerksaufführungen. Heute ist dies der vielleicht am besten bewachte Ort in Paris. Selbst das Fotografieren von der anderen Straßenseite aus ist verboten.

47 Pont Alexandre III

Die am prächtigsten dekorierte der Pariser Brücken entstand im Jahr 1900

■ Métro 1, 13: Champs-Élysées–Clemenceau

Als ein Zeichen französisch-russischer Freundschaft legte Zar Nikolaus II, der Sohn Alexanders III., 1896 den Grundstein zu dieser reich verzierten Brücke

Élysée-Palast: Frankreichs Trikolore symbolisiert Freiheit, Gleichheit, Brüderlichkeit

Vom Pont Alexandre III bietet sich ein herrliches Panorama auf die Stadt und die Seine

im Stil der Belle Époque. Sie gilt als ein Meisterwerk der Ingenieurskunst jener Zeit, ist sie doch aus einem einzigen Stahlbogen geformt, der sich 109 m weit über den Fluss spannt. Von den Ausflugsbooten aus werden gern die kurvenreich gestalteten Flussnymphen von Seine und Neva zu beiden Seiten des Scheitelpunkts der Brücke fotografiert. Deren Enden flankiert jeweils ein vergoldeter Pegasus aus Bronze. Die geflügelten Pferde stehen symbolisch für den Ruf der Kunst, der Wissenschaft, des Handels und der Industrie.

Sehenswert

Grand Palais

| Museum |

Als das in seinen Ausmaßen gewaltige Grand Palais zur Weltausstellung 1900 errichtet wurde, sollte es künftig der »gloire de l'art français« dienen. Doch schnell feierte man in dem von einer riesigen Glas-Eisen-Konstruktion überdachten Palast nicht nur den »Ruhm der französischen Kunst«, sondern hielt auch profanere Veranstaltungen wie Automobilsalons oder Büchermessen ab. Nach einer langen Restaurierung finden jetzt hier unter den Glaskuppeln prestigeträchtige Modeschauen und Kunstmessen statt. Angeschlossen sind die Galeries nationales du Grand Palais in kleineren Räumlichkeiten des Palastes. Vom französischen Kulturministerium werden in zweijährigem Turnus hochkarätige »Monumenta«-Ausstellungen inszeniert, die mit Künstlern wie Anselm Kiefer, Anish Kapoor und Huang Yong Ping auch große internationale Beachtung finden.

■ Métro 1, 9: Franklin D. Roosevelt, Métro 1, 13: Champs-Élysées–Clemenceau, Eingänge 3, avenue du Général Eisenhower oder Avenue Winston Churchill, www.grandpalais.fr, geöffnet nur bei Wechselausstellungen, Mi–Mo 10–20, Mi bis 22 Uhr (bei großen Ausstellungen auch Fr und Sa), 16 €, erm. 12–14 €

Petit Palais

| Museum |

Im Gegensatz zu seinem »größeren Bruder« auf der anderen Straßenseite wird das gleichzeitig entstandene Petit Palais heute von der Stadt Paris als ein Museum der Schönen Künste genutzt. Den Besucher erwartet hier nicht nur eine exzellente Kunstsammlung mit beeindruckenden Werken von der Antike über das Mittelalter und die Renaissance bis ins frühe 20. Jh., sondern auch eine imposante offene Säulenhalle mit Blick in den begrünten Innenhof. Antike Skulpturen, russische Ikonen, Renaissancekeramiken, Bilder von Rubens, Stiche von Dürer oder ein markantes Selbstporträt Rembrandts scheinen zwar manchmal vom überbordenden Dekor des Petit Palais fast erdrückt zu werden, aber der Gesamteindruck ist dennoch faszinierend.

»Le Petit Caporal«: Napoleon-Statue im Ehrenhof des Hôtel des Invalides

■ Métro 1,13: Champs-Élysées–Clemenceau, Avenue Winston Churchill, www.petitpalais.paris.fr, Di–So 10–18 Uhr, Eintritt frei (außer Ausstellungen)

48 Esplanade des Invalides

Die größte begrünte Freifläche in der Pariser Innenstadt

■ Métro 8, 13: Invalides

Fast 500 m lang und an die 300 m breit erstreckt sich diese um das Jahr 1720 angelegte Freifläche zwischen Seine und Hôtel des Invalides. So entsteht eine grandiose Perspektive auf dessen breitgelagerte Front, in dessen Giebel ein Relief mit Ludwig XIV. hoch zu Ross zu sehen ist. Dahinter ragt die vergoldete Kuppel des Invalidendoms in den Pariser Himmel. Die großen Rasenflächen werden auch gerne für ein Bad in der Sonne genutzt.

Sehenswert

Hôtel des Invalides

| Gebäude-Ensemble |

Heute untersteht der aus mehreren großen Höfen bestehende Komplex dem Verteidigungsministerium, das hier vor allem das große Armeemuseum untergebracht hat. Doch auch ein Militärhospital und ein Heim für Kriegsversehrte gehören dazu. Damit bleibt die Einrichtung ihrer ursprünglichen Bestimmung des nach Versailles größten Bauvorhabens Ludwigs XIV. treu, der an diesem Ort als erster Herrscher eine Bleibe für Tausende seiner Kriegsveteranen (frz. »invalides«) schuf. Dazu gehörte auch ein Kirchenbau, in dem die von Nonnen versorg-

Flanieren im weitläufigen, skulpturengeschmückten Garten des Musée Rodin

ten Veteranen zum Gottesdienst gehen konnten. Die 1986 zur Kathedrale erhobene, auch »Soldatenkirche« genannte Église Saint-Louis fügt sich fast unmerklich in den Komplex ein.

■ Métro 13: Varenne, 129, rue de Grenelle, www.musee-armee.fr, Armee-Museum, Kathedrale Saint-Louis-des-Invalides: tgl. 10–18 Uhr, 14 €, erm. 11 €, Kinder frei

Dôme des Invalides

| Grablege |

Im Chor ist die Église Saint-Louis nur durch eine Glasscheibe vom wesentlich imposanteren Invalidendom getrennt, der für die Königsfamilie bestimmt war. Ob Ludwig XIV. anfangs beabsichtigte, den Dom auch als seine künftige Grablege zu wählen, ist ungewiss. Napoleon wandelte knapp hundert Jahre später den Dom in eine Grabstätte für hochrangige Militärs um. Dass er nach seinem Tod selbst hier bestattet werden würde, wird er nicht geahnt haben. Erst 1861 wurden seine Überreste in einem riesigen Porphyr-Sarkophag in der Krypta direkt unter der Kuppel beigesetzt.

■ Métro 8, 13: Invalides, École Militaire; Eingang Place Vauban, Öffnungszeiten wie Armeemuseum, Ticket siehe Hôtel des Invalides

49 Musée Rodin

11 *Mehr noch als das Museum fasziniert der weitläufige Park*

■ Métro 13: Varenne, 77, rue de Varenne, www.musee-rodin.fr, Di–So 10–17.45, 13 €, erm. 9 €

Das elegante Palais Biron, in dem sich das Musée Rodin befindet, hat eine wechselhafte Geschichte hinter sich. Dem Erbauer, einem reichen Perückenmacher des frühen 18. Jh., sollte ein königlicher Maler und schließlich ein geistlicher Orden folgen, der aus dem Gemäuer eine Erziehungsanstalt für

Im Blickpunkt

Nabelschau der Nationen

Von den fünf Weltausstellungen, die zwischen den Jahren 1855 und 1900 in der Pariser Innenstadt ausgerichtet wurden, haben vor allem diejenigen der Jahre 1889 und 1900 die bis heute deutlichsten Spuren im Stadtbild hinterlassen. Traditionell in großem Bogen um den Champs de Mars und bis auf das Ufer der rechten Seine-Seite erstreckten sich die zu diesem Anlass errichteten Gebäude und Länderpavillons, die die technischen Errungenschaften der Gastgeber wie die Leistungen der teilnehmenden Nationen vorführen sollten und später größtenteils wieder abgerissen wurden. Zweifellos das imposanteste Bauwerk, das der Nachwelt erhalten blieb, ist der Eiffelturm von 1889. Aber zur Schau im Jahr 1900 entstanden noch mehr bis heute erhalten gebliebene Gebäude: Grand und Petit Palais, Gare de Lyon, Pont Alexandre III. und der einstige Orsay-Bahnhof, der heute ein Museum ist. Die elektrische Beleuchtung ganzer Stadtviertel und die Eröffnung der ersten Métro sorgten bei den rund 50 Mio. Besuchern, die zwischen April und November 1900 zur Weltausstellung in die französische Hauptstadt strömten, für eine große Bewunderung.

Töchter der Oberschicht machte. Der Staat erwarb den Bau und vermietete ihn an Künstler wie Henri Matisse sowie Dichter wie Jean Cocteau und Rainer Maria Rilke. Schließlich mietete sich Auguste Rodin hier von 1908 bis zu seinem Tod 1917 ein. Dem Staat vermachte er sein gesamtes Œuvre unter der Auflage, dass hier ein ihm gewidmetes Museum entstehen sollte, das dann auch tatsächlich im Jahr 1919 eröffnet wurde. Wer Leben und Schaffen Rodins kennenlernen möchte, ist hier genau richtig. Skizzen, Gipse, Marmorarbeiten und natürlich ein Großteil seiner Bronzen sind sowohl im Innern als auch in dem gepflegten Park um das Museum herum ausgestellt.

50 Eiffelturm

7 *Der spektakulärste Blick auf Paris und weit darüber hinaus*

■ Métro 6: Bir-Hakeim, Métro 9: Trocadéro, Métro 8: École Militaire, www.toureiffel.paris, 9.30–23.45 Uhr, 26,80 € (mit Aufzügen bis zur Spitze), 17,10 € (bis zur 2. Etage), 10,70 € (Treppe bis 2. Etage), 12–24 J. 13,40 €, 8,60 €, erm. 5/10 €, 4–11 J. 6,70 €, 4,30 €, 2,70€

■ Um lange Wartezeiten an den Kassen zu vermeiden, lassen sich Tickets für den Besuch auch online (zum Ausdrucken) bestellen unter ticket.toureiffel.paris/fr

Für die Weltausstellung von 1889, die den 100. Geburtstag der Französischen Revolution feiern sollte, musste ein architektonisches Zeichen gesetzt werden. Mitarbeiter des Ingenieurbüros von Gustave Eiffel dachten sich einen 300 m hohen Eisenturm aus, an dem ihr Chef zunächst jedoch keinen Gefallen fand. Doch die »dame de fer«, die »eiserne Dame«, sollte unter dem

Bis zur Fertigstellung des Chrysler Buildings in New York City war der Eiffelturm das höchste Bauwerk der Welt

Namen Eiffelturm weltberühmt werden und bis zum Bau des Chrysler-Wolkenkratzers in New York 1930 den Rekord des weltweit höchsten Gebäudes halten. Innerhalb von nur zwei Jahren und zwei Monaten errichteten 250 Arbeiter das von vielen Zeitgenossen als »Ungetüm« geschmähte Bauwerk, das pünktlich im April 1889 für das Publikum eröffnet wurde. Auf der obersten Etage richtete Gustave Eiffel verschiedene Laboratorien ein, die sich der Wetterbeobachtung und bald auch der Telegrafie widmeten. Ihn selbst sowie seine Tochter und den Kollegen Edison kann man heute (als Wachsfiguren hinter Glasscheiben) in »Eiffels Arbeitszimmer« besichtigen. Bald entwickelte

Im Blickpunkt

Blau-Weiß-Rot: Feste feiern im Zeichen der Trikolore

Wer zum französischen Nationalfeiertag am 14. Juli nach Paris reist, dem bietet sich das jährliche Spektakel der öffentlichen Tanzbälle, der »bals des pompiers«, die in mehreren Feuerwehrkasernen (»casernes de la brigade de sapeurs-pompiers de Paris«) stattfinden. Hier kommen alle zusammen, die gerne feiern und dazu das Tanzbein schwingen. Entweder wird ein kleines Eintrittsgeld entrichtet oder aber man lässt eine Spende ins hierfür aufgestellte Fass (»tonneau«) fallen, womit die Kasernen ihr (eher klägliches) Budget aufstocken. Am Abend des 13. Juli beginnt die Feierlaune (ab 21 Uhr), die bis in die frühen Morgenstunden des 14. Juli andauert. Und auch am Nationalfeiertag selbst öffnen die Kasernen am Abend wieder ihre Tore den Tänzern – Volksfest pur! Doch das große Feuerwerk des 14. Juli am Eiffelturm (Beginn gegen 22 Uhr) sollte man vorher nicht versäumen.
Bälle z. B. in der Caserne Rousseau, Métro 4: Les Halles, 21, rue du Jour, der Caserne Sévigné, Métro 1: St-Paul, 7–9, rue de Sévigné oder der Caserne Colombier, Métro 4: St-Sulpice, 11, rue du Vieux Colombier; nähere Infos unter de.parisinfo.com

sich der Turm zum Pariser Wahrzeichen, das heute jährlich knapp 7 Millionen Besucher zählt. 1665 Stufen führen hinauf bis zur 2. Etage, doch die meisten wählen die doppelstöckigen Aufzüge, die ebenfalls bis zum 2. Stockwerk hinauffahren. Dort wechselt man in kleinere Aufzüge, die bis zur oberen Plattform auf knapp 280 m hinauffahren. Auch wenn der Andrang vor allem bei schönem Wetter und klarer Sicht beträchtlich ist, lohnt das geduldige Warten, denn der Blick, der mehr als 70 km weit über die Stadt hinweg reichen kann, entschädigt. Meiden sollte man allerdings das gastronomische Angebot auf dem Turm, mit Ausnahme des Jules Verne – ein Spitzenrestaurant mit Privataufzug und den entsprechenden Preisen. Das Schönste an einer Turmbesichtigung ist ohnehin der Blick auf die Stadt, und wenn abends zu jeder vollen Stunde Tausende am Eiffelturm installierte Glühbirnen für 10 Min. zu flackern beginnen, entsteht eine geradezu magische Stimmung.

Restaurants

12 **€€ | Bistro Saint Dominique** An einem kleinen Platz mit Brunnen gelegen, isst man hier zwar nicht sehr günstig, dafür aber ausgezeichnet in einem zeitgenössischen Ambiente. Attraktiv ist auch die herrliche Terrasse mitten im schicken 7. Arrondissement. Die Vorspeisen allein, meist mit Meeresfrüchten, sind schon den Besuch wert. ■ 131, rue Saint-Dominique, Tel. 0145 55 80 42 www.bistrostdominique.com, tgl. 7.30–23.30 Uhr

€€€ | Le Jules Verne Wer es sich leisten kann, genießt in Frédéric Antons Gourmetrestaurant auf der 2. Etage des Eiffelturms mehr als nur den grandiosen Blick. Ohne (Online-)Reservierung geht allerdings nichts – dabei wird die Kreditkartennummer hinterlegt und bei Nichterscheinen ein stattliches Strafsümmchen abgebucht. ■ Privataufzug am Südpfeiler, www.lejulesverne-paris.com, tgl. 12–13.30 und 18–21.30 Uhr

51 Musée du quai Branly – Jacques Chirac

Meisterwerke der Stammeskunst außereuropäischer Kulturen

■ Métro 9: Iéna, Alma-Marceau, 37, quai Branly, www.quaibranly.fr, Di–Mo 10.30–19, Do bis 22 Uhr, 10 €, unter 26 J. und 1. So im Monat Eintritt frei

■ Parkhaus Quai Branly Tour Eiffel, Einfahrt 25, quai Branly

Hinter einer hohen, gläsernen, von dem Autoverkehr am Seine-Ufer abschirmenden Wand spannt sich über einem üppig wuchernden Garten ein lang gezogenes Gebäude. Es wurde als Museum von Jean Nouvel in der Regierungszeit von Staatspräsident Jacques Chirac für »primitive« außereuropäische Kunst Ozeaniens, Afrikas, Nordamerikas und der Inseln Asiens erbaut. Von den über 300 000 Sammlerstücken, die der französische Staat besitzt, werden etwa 3500 ständig gezeigt. Masken, Feder- und Goldschmuck aus Ozeanien, Textilien und Kleidung aus Asien, Musikinstrumente und Kult-Statuetten aus Afrika sowie nordamerikanischer Indianerschmuck gehören zu den herausragendsten Exponaten des Hauses, das weniger museumspädagogisch orientiert als nach ästhetischen Gesichtspunkten seine Sammlung präsentiert. Ein Blickfang am Außenbau ist die mit über 10 000 Pflanzen begrünte Mauer, die der Tropenbotaniker Patrick Blanc eigens für das Museum gestaltete.

Sehenswert

Musée des Égouts

| Museum |

Die Pariser Kanalisation (frz. »égouts«) ist ein unüberschaubares Labyrinth von knapp 2500 km Länge und nicht öffentlich zugänglich. Bereits im 14. Jh. wurde mit ihrem Bau begonnen. Eine Besichtigung dieser Unterwelt ist an der Pont de l'Alma möglich. Hier sind die Tunnel abgesichert und in etwa einem einstündigen Rundgang zu erkunden. Zur Orientierung werden die Abwasserkanäle hier mit den Straßennamen markiert, unter denen sie hindurchführen. Dass man auf tierische Bewohner der Kanalisation trifft, ist in diesem für Besucher zugänglichen Bereich nicht zu befürchten.

■ Pont de l'Alma (gegenüber 93, quai d'Orsay), Tel. 01 53 68 27 81, musee-egouts.paris.fr, 10–17 Uhr, 9 €, erm. 7 €, permanent ca. 13 °C

52 Palais de Tokyo

Zentrum für zeitgenössische Kreationen in imposantem Weltausstellungsgebäude

■ Métro 9: Iéna, Alma-Marceau, 13, av. du Président Wilson, www.palaisdetokyo.com, Mi–Mo 12–21 Uhr, 12 €, bis 18 J. Eintritt frei

Bevor an dieser Stelle am Nordufer der Seine im Jahr 1937 ein gewaltiger Zweiflügelbau im Stil des modernistischen Klassizismus errichtet wurde, stand hier eine der traditionsreichen französischen Teppichknüpf-Manufakturen, die Manufacture nationale de la Savonnerie. Heute hat sich in dem entkernten, absichtlich wie ein Rohbau wirkenden Ostflügel des Palais ein Zentrum etabliert, in dem ständig wechselnde Ausstellungen von Werken zeitgenössischer Künstler zu sehen sind.

Sehenswert

Musée d'Art moderne de la Ville de Paris (MAMVP)

| Museum |

Im Westflügel des Palais de Tokyo ist das »Museum für moderne Kunst der Stadt Paris« untergebracht. Das »städtische« Pendant zum Nationalmuseum im Centre Pompidou besitzt ebenfalls eine hochkarätige Sammlung mit wichtigen Schlüsselwerken moderner und zeitgenössischer Kunst. Keinesfalls versäumen sollte man die Besichtigung zweier Monumentalbilder – »La Danse« von Henri Matisse, dem im Museum ein eigener Raum gewidmet ist, und dem aus 250 Tafeln bestehenden »La Fée électricité« von Raoul Dufy.

■ 11, avenue du Président Wilson, www.mam.paris.fr, Di–So 10–18, Do 10–21.30 Uhr, Eintritt frei, Ausstellungen kostenpflichtig

Palais Galliera

| Museum |

Dieses reich dekorierte Palais ist ein typisches Beispiel für den Historismus des späten 19. Jh., als sich Architekten an den großen Stilen der Vergangenheit orientierten. Das Gebäude erinnert an italienische Renaissance-Architektur, die der Aristokratin Maria Brignole Sale de Ferrari, Herzogin von Galliera, die das Palais für ihre Skulpturensammlung erbauen ließ, als Italienerin natürlich be-

»La France«: Skulptur von Antoine Bourdelle, Musée d'Art moderne de la Ville de Paris

sonders gefiel. Seit dem Jahr 1977 beherbergt es das Pariser Modemuseum.

■ 10, avenue Pierre-1er-de-Serbie, www.palaisgalliera.paris.fr, Di–So 10–18, Do, Fr 10–21 Uhr, nur für Wechselausstellungen zugänglich

53 Musée Guimet

Schaufenster für Kunst und Geschichte Asiens von Afghanistan bis Japan

■ Métro 9: Iéna, 6, place d'Iéna, www.guimet.fr, Mi–Mo 10–18 Uhr, 11,50 €, erm. 8,50 €, bis 26 J. und 1. So im Mo Eintritt frei

Émile Guimet, der aus einer Lyoner Industriellenfamilie stammte, war Ende des 19. Jh. ein passionierter Asienreisender und -forscher, der seine umfangreiche Sammlung zur Kunst und Kultur Asiens dem französischen Staat vererbte. 1889 eröffnete das nach ihm benannte Museum, das heute weltweit zu den wichtigsten seiner Art gehört. Wer die runde Eingangshalle durchquert hat, gelangt zunächst in die Abteilung mit indischer und kambodschanischer Kunst. Reliefs und Buddha-Figuren wechseln ab mit Architekturfragmenten der Angkor-Tempel aus dem 10. Jh. An Kunst aus Laos, Birma, Vietnam und grandiosen Bronzen aus Java geht es vorbei in die oberen Etagen. Die Sammlung buddhistischer wie hinduistischer Kunst aus Nepal und Tibet ist weltberühmt. Elfenbeinarbeiten des Schatzes von Begram in Afghanistan, Kunstschätze aus Pakistan, Jadeschmuck und Kalligrafie aus China erwarten den Besucher ebenso wie farbige Holzmasken und filigrane Paravents aus Japan. Schön ist auch der Ausblick von der Dachterrasse über Paris.

Streng symmetrisch ausgerichtet: Palais de Chaillot mit den Jardins du Trocadéro

54 Place du Trocadéro

Eine der spektakulärsten Architekturkulissen in Paris samt Postkartenblick

■ Métro 9: Trocadéro

Den schönsten Ausblick auf den Eiffelturm hat hier wohl Marschall Foch, der hoch zu Ross und in Bronze von seinem Sockel auf der Platzmitte zwischen den beiden Flügeln des Palais de Chaillot, die die Weltausstellung im Paris des Jahres 1937 hinterlassen hat, hindurchblickt. Die breite Panoramaterrasse ist nicht nur eine beliebte Adresse für Hochzeitspaare beim obligatorischen Fototermin, sondern auch ein »magischer« Anziehungspunkt für Parisbesucher.

Sehenswert

Musée de l'Homme

| Museum |

Im Westflügel des Palais de Chaillot stellt das anthropologische Museum drei Fragen, die die Menschheit seit jeher und immer wieder aufs Neue beschäftigen: Wer sind wir? Woher kommen wir? Wohin gehen wir? Das Museumskonzept will die Menschheitsgeschichte quasi mit allen Sinnen erfahrbar machen. Die großzügige Architektur der 1930er-Jahre bietet genügend Raum für die bereits seit Ende des 19. Jh. zusammengetragene reichhaltige Sammlung, die mit anatomischen Lehrbüchern, Tondokumenten zu Hunderten von unterschiedlichen Sprachen, Rekonstruktionen steinzeitlicher Behausungen aller Erdteile bis hin zu einem Bus der 1960er-Jahre aus Dakar ein immenses Themenspektrum des Menschen und seiner Umwelt abbildet. Bei diesem Museumsbesuch ist auch der Blick auf den nahen Eiffelturm durch die hohen Fenster inklusive – am schönsten vielleicht vom Museums-Café aus.

■ 17, place du Trocadéro, www.museedelhomme.fr, Mi–Mo 11–19 Uhr, 12 €, erm. 9 €, bis 25 J. Eintritt frei

Cité de l'architecture et du patrimoine

| Museum |

Eine ungewöhnliche Idee lag diesem Museum bei seiner Gründung im 19. Jh. zugrunde. Architekturfragmente als Abgüsse in Originalgröße sollten unter einem Dach versammelt werden und somit dem Besucher eine »Reise« durch die reiche Architekturgeschichte Frankreichs ermöglichen. Nach einer grundlegenden Restaurierung trägt dieses erstaunliche Konzept auch heute noch. Bei einem Gang durch die Cité de l'architecture tauchen die gotischen Portale der Kathedralen von Chartres und Amiens ebenso auf wie die der romanischen Kirchen in Burgund oder ein Nachbau einer Musterwohnung von Le Corbusier im Marseille der 1950er-Jahre.

■ 1, place du Trocadéro, www.citedelarchitecture.fr, Mi–So 11–19, Do bis 21 Uhr, 12 €, erm. 9 €, bis 26 J. und 1. So im Mo Eintritt frei

55 Maison de Balzac

Wo Balzac an seiner groß angelegten »Menschlichen Komödie« schrieb

■ Métro 6: Passy, Métro 9: La Muette, 47, rue Raynouard, www.maisondebalzac.paris.fr, Di–So 10–8 Uhr, Eintritt frei, bei Ausstellungen kostenpflichtig

In dieses unscheinbare Haus hatte sich Honoré de Balzac zwischen 1840 und 1847 zurückgezogen, auch um hier vor seinen Gläubigern unterzutauchen, war er doch hoch verschuldet. Wer heute sein Refugium besucht, kann sich leicht vorstellen, wie Balzac hier als einer der bedeutendsten Literaten Frankreichs oft in Morgenrock und bis tief in die Nacht hinein an seiner auf 137 Bände angelegten Gesellschaftsstudie in Romanform, der »Menschlichen Komödie«, schrieb. Immerhin gelang es ihm, bis zu seinem Tod im August 1850, 91 Romane und Erzählungen seines ambitionierten Projekts zu vollenden.

Einkaufen

Marché de Passy Direkt von Balzacs Refugium führt die Marktstraße de l'Annonciade ins Zentrum des gutbürgerlichen Passy. In der Markthalle der 1930er-Jahre treffen sich die Bewohner des Quartiers vor den Fisch-, Fleisch und Gemüseständen. ■ Place de Passy, Ecke rue Duban, Di–So 8–13, Di–Sa 16–19 Uhr

56 Fondation Le Corbusier

Am Werk des Architekten Le Corbusier scheiden sich immer noch die Geister

■ Métro 9: Jasmin, 10, square du Docteur Blanche, www.fondationlecorbusier.fr, Di–Sa 10–18 Uhr, 10 €, erm. 5 €

Im Blickpunkt

Prix Goncourt

Anders als das Werk von Balzac kennen die Bücher der Brüder Jules und Edmond de Goncourt heute nur noch Spezialisten. Gleichwohl ist nach ihnen der bedeutendste französische Literaturpreis benannt. Vergeben wird er jährlich im Herbst von einer ehrenamtlich besetzten Akademie, dotiert ist er mit symbolischen 10 €, seine (verkaufsfördernde) Strahlkraft aber ist enorm.

Eine einzige Wand nur wölbt sich hervor, ansonsten erscheint die Maison La Roche, 1923 von Le Corbusier für den Schweizer Kunstsammler Raoul La Roche errichtet, ganz gradlinig und geometrisch. Es handelte sich um ein echtes Architekturexperiment, zu dem schon die Zeitgenossen Le Corbusiers pilgerten, um sich von der radikalen Neuheit dieses Baus zu überzeugen. Dessen Inneres wirkt tatsächlich sehr kühl, da es überwiegend unmöbliert – und natürlich unbewohnt – ist. Lange Fensterbänder und ein offener Raumplan lassen viel Licht in den Bau fallen. Auch dass das Flachdach als großzügige Terrasse diente, war damals noch ein ziemliches bauliches Wagnis.

57 Musée Marmottan

13 *Eine weitere Hochburg impressionistischer Meisterwerke*

■ Métro 9: La Muette, 2, rue Louis-Boilly, www.marmottan.fr, Di–So 10–18, Do 10–21 Uhr, 13,50 €, erm. 10 €

Zunächst vermutet niemand, dass sich in diesem stattlichen Palais der Belle Époque am Pariser Stadtrand die wichtigste Sammlung von Werken Claude Monets befindet. Erst nach dem Tod seinen Erbauers Paul Marmottan, der sie 1934 dem Institut de France vererbte, gelangte die Sammlung Michel Monets mit Werken seines Vaters in das neu eröffnete Musée Marmottan. Bilder anderer Impressionisten wie Berthe Morisot, Edgar Degas oder Auguste Renoir vervollständigen heute das Ensemble. Hier hängt auch das Bild, das Claude Monet 1873 mit »Impression, soleil levant« betitelte und einen Sonnenaufgang über Le Havre zeigt. Der Titel wurde von einem Kritiker zitiert, um sich darüber zu mokieren, dass diese Malerei doch »nur Impressionen« zeige. Damit war der Name einer ganzen Kunstrichtung geboren.

58 Bois de Boulogne

Die »grüne Lunge« im Pariser Westen, beliebt seit über 250 Jahren

■ Métro 1: Les Sablons, Métro 2: Porte Dauphine

Die Geschichte des 850 ha großen Parks lässt sich bis ins Mittelalter zurückverfolgen. Heute ist er ein Naherholungsgebiet für die Pariser, die ihn nach Einbruch der Dunkelheit eher meiden. Besonders beliebt bei Familien ist der Jardin d'Acclimatation am nördlichen Parkrand in Métronähe (Les Sablons), der mit zoologischem Garten, Spielplätzen oder Bootsfahrten lockt (www.jardindacclimatation.fr).

Sehenswert

Fondation Louis Vuitton

| Kunstsammlung |

14 *Die Kunstsammlung des Milliardärs und Mäzens Bernard Arnault*

Die meisten Besucher kommen wegen Frank Gehrys spektakulärer Architektur, aber auch die Kunst aus dem Fundus der Sammlung des Industriekapitäns ist von höchster Qualität.

■ Métro 1: Les Sablons, 8, av. du Mahatma Gandhi, www.fondationlouisvuitton.fr, Mo, Mi–Fr 12–19, Sa, So 11–20, 1. Fr im Monat 12–23 Uhr, 16 €, erm. 10 €,Shuttle ab Charles de Gaulle–Étoile (Ecke Avenue Friedland)

Am Abend

Im Pariser Westen befinden sich einige der beliebtesten Theater von Paris, allen voran das Théâtre des Champs-Élysées. Auch die berühmteste Tanzrevue, das Lido, liegt mit ihrem unscheinbaren Eingang auf den Champs-Élysées. Am Abend ist die Pariser Prachtmeile beliebt bei denjenigen, die sich auf ein Glas in den zahlreichen Bars und Cafés niederlassen. Doch die Preise sind entsprechend hoch und nicht immer gerechtfertigt. Besser aufgehoben ist man dann im Viertel um die Place Ternes. Einen Einblick ins mondäne Paris kann sich verschaffen, wer in die Bars der Hotels einkehrt, in denen man sich eine Übernachtung kaum leisten würde. Für einen Cocktail sollte das Geld dann reichen.

Kinos

Cinema Mac-Mahon Kleines Programmkino der 1930er-Jahre mit dem nostalgischen Charme längst vergangener Kinotage, daher ein Muss für alle wahren Cineasten. ■ 5, av. Mac-Mahon, Tel. 01 43 80 24 81, www.cinemamacmahon.com, Métro 1, 2, 6: Charles de Gaulle–Étoile

Bühne

Crazy Horse In dem 1951 von Alain Bernardin gegründeten Varieté wird viel nackte Haut effektvoll in Szene gesetzt und choreografiert. Männliche Tänzer haben auf der Bühne nichts zu suchen. ■ 12, avenue George V, Tel. 01 47 23 32 32, www.lecrazyhorseparis.com, Métro 9: Alma–Marceau, Show ab 90 €

Nightlife: Bluebell Girls und Lido Boys heißen die Tänzerinnen und Tänzer im Lido

lido 2 Paris Die weltberühmte, seit 1946 existierende Tanzrevue schloss im Sommer 2022 ihre Tore – und ist wieder auferstanden unter dem Namen »lido 2«. Große Musicals stehen jetzt auf dem Programm, und die Preise sind weitaus erschwinglicher geworden. ■ 116 bis, avenue des Champs-Élysées, Tel. 01 53 33 45 50, www.lido2paris.com/fr, Métro 1: George V

Théâtre des Champs-Élysées Oper, Theater, Konzert und Tanz stehen hier auf dem Programm. Schon der Bau von 1913 ist sehenswert, von innen wie von außen. ■ 15, avenue Montaigne, Tel. 01 49 52 50 50, www.theatre-champselysees.fr, Métro 9: Alma–Marceau

Théâtre Marigny Ein Klassiker unter den Pariser Theatersälen erstrahlt nach dem Komplett-Lifting in neuem Glanz. Auf dem Programm stehen Musikkomödien und Varietéaufführungen. ■ Carré Marigny, Tel. 01 76 49 47 12, www.theatremarigny.fr, Métro 1, 13: Champs-Élysées–Clemenceau

Théâtre National de Chaillot Im pompösen Architekturambiente der 1930er-Jahre ist heute das nationale Tanztheater untergebracht, das sich mit internationalem Renommee dem zeitgenössischen französischen Tanz widmet. ■ 1, place du Trocadéro, Tel. 01 53 65 30 00, www.theatre-chaillot.fr, Métro 6, 9: Trocadéro

Konzert

Salle Gaveau Seit über 100 Jahren widmet man sich hier schon der Musik, vom Klavierabend bis zur Kammermusik, doch auch Musicals stehen von Zeit zu Zeit auf dem ambitionierten Programm. ■ 45, rue La Boétie, Tel. 01 49 53 05 07, www.sallegaveau.com, Métro 9, 13: Miromesnil

Salle Pleyel Aus dem früheren Konzertsaal des Art déco für klassische Musik wurde nach der Eröffnung der Philharmonie im Pariser Nordosten ein Treffpunkt für aktuelle zeitgenössische Musik. ■ 252, rue du Faubourg Saint-Honoré, Tel. 08 92 97 60 63, www.sallepleyel.com, Métro 2: Ternes

Kneipen, Bars und Clubs

Buddha Bar Nomen est omen: Im schummrigen Licht wirft eine riesige Buddha-Statue ein wachsames Auge auf die Nachtschwärmer dieser Lounge, »très chic«. ■ 8–12, rue Boissy d'Anglas, Tel. 01 53 05 90 00, www.buddhabar.com, Métro 1, 8, 12: Concorde, Métro 8, 12, 14: Madeleine, tgl. 18–2 Uhr

Le Bar du Bristol Wenn man schon nicht im Bristol absteigt, einem der luxuriösesten – und teuersten – Hotels der Stadt, in dem Woody Allen seinen Film »Midnight in Paris« mit Owen Wilson und Marion Cotillard in den Hauptrollen sowie Carla Bruni, der auch als Model und Musikerin erfolgreichen Frau des früheren Staatspräsidenten Sarkozy, in einer Nebenrolle als Fremdenführerin drehte, dann lässt sich doch zumindest in der Bar die Qualität der Cocktails testen. ■ 112, rue du Faubourg Saint-Honoré, Tel. 01 53 43 42 41, www.lebristolparis.com, Métro 9, 13: Miromesnil, tgl. 17.30–1.30 Uhr

Le YOYO Als einer der ultimativen Pariser Nightclubs mit Livekonzerten hat YOYO Teile des gewaltigen Baus des Palais de Tokyo aus den 1930er-Jahren belegt. Konzerte/DJs bis in die frühen Morgenstunden. ■ 13, avenue du Président Wilson (Palais de Tokyo), Tel. 01 84 79 11 70, www.yoyo-paris.com, Métro 9: Iéna

Übernachten

Dass im schicken Pariser Westen, egal auf welchem der beiden Seine-Ufer, die Hotelpreise zu den höchsten in der Stadt gehören, versteht sich. Um die Champs-Élysées herum sind erschwingliche Übernachtungspreise eher selten, doch gibt es zum Glück immer auch Ausnahmen. Wer lieber etwas ruhiger wohnen möchte und die Champs-Élysées nicht direkt vor der Hoteltür braucht, der wird auch zu etwas günstigeren Preisen fündig im Viertel von Passy um die Métrostation La Muette, die nur knapp 10 Min. vom Prachtboulevard entfernt liegt.

€€

Le Magellan Etwas versteckt, aber dadurch fernab des Straßenlärms hinter einer eleganten Hausfassade gelegenes Hotel mit satt begrüntem Innenhof, in dem das Frühstück noch besser schmeckt. ■ 17–19, rue Jean-Baptiste Dumas, Tel. 01 45 72 44 51, www.hotelmagellan.com, Métro 1: Porte Maillol, Métro 3: Pereire

Princesse Caroline Das klassisch eingerichtete Hotel liegt in einer ruhigen Seitenstraße, um die Ecke vom Arc de Triomphe, nur zwei Gehminuten von der Metrostation entfernt. ■ 1, rue Troyon, Tel. 01 58 05 30 00, www.hotelprincessecaroline.fr, Métro 1, 2, 6: Charles de Gaulle–Étoile

Villa Nicolo Das mit viel Liebe zum Detail eingerichtete Hotel in einer Seitenstraße hat auch einen kleinen Garten. ■ 3, rue Nicolo, Tel. 01 42 88 83 40, www.villanicolo.com, Métro 9: La Muette

€€€

Cadran Hôtel Groß sind auch hier die Zimmer nicht, das gilt für viele Pariser Hotels, aber ein so dezentes wie funktionales Design und die Lage nahe am Eiffelturm überzeugen. ■ 10, rue du Champ de Mars, Tel. 01 40 62 67 00, www.cadranhotel.com/de, Métro 8: École Militaire

(15) **Hidden Hotel** Warme Farben, viel Holz und andere Naturmaterialien sorgen für eine eher ungewöhnliche, individuelle Atmosphäre. Wer hier wohnt, genießt zeitlose Eleganz und vergisst schnell die Hektik der Großstadt, muss für all das aber auch mehr bezahlen als andernorts. ■ 28, rue de l'Arc de Triomphe, Tel. 01 40 55 03 57, www.hidden-hotel.com, Métro 1: Argentine

Hôtel Ekta Man sollte schon ein eingefleischter Fan von Design und Mode der 1970er-Jahre sein, wenn man sich hier einmietet: ein überwiegend in Schwarz-Weiß gehaltenes Boutique-Hotel im Luxusboutiquen-Dreieck unweit der Champs-Élysées. ■ 52, rue Galilée, Tel. 01 53 76 09 05, www.hotelekta.com, Métro 1: George V

La Villa Maillot Ganz in der Nähe der breiten Avenue Foch liegt das dezent durchdesignte Hotel, das eher auf klassisch-edle als schreiend-moderne Akzente Wert legt. Im verglasten Wintergarten lässt es sich abseits des Großstadttrubels stimmungsvoll frühstücken. Ein kleines Spa gibt es auch. Abgeschiedenheit und Eleganz wollen zwar bezahlt sein, aber das Preis-Leistungs-Verhältnis stimmt. ■ 143, avenue de Malakoff, Tel. 01 58 64 52 52, www.lavillamaillot.fr, Métro 1: Porte Maillot

Rund um die Butte Montmartre und der Osten

Im Norden wartet auf den Besucher ein pittoresker, von Touristen eroberter Hügel, im Osten das wenig mondäne, aber authentische Paris

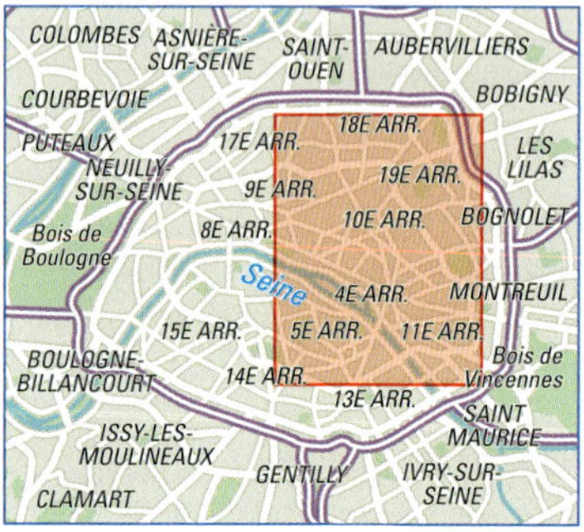

Vor der letzten Eingemeindungswelle im Jahr 1860 war die Butte Montmartre ein von Windmühlen bestandener Hügel mit einem Dorf, das vom unterirdischen Gipsabbau lebte. Um die Jahrhundertwende siedelten sich hier viele Künstler an, waren die Preise doch weit niedriger als in der bourgeoisen Innenstadt. Heute lebt der Montmartre vom Ruhm vergangener Zeiten, aber die »Montmartrois«, die Bewohner des Hügels, haben sich einiges von dem alten Charme bewahrt. Aus den ehemaligen Arbeiter- und Handwerkervierteln zwischen dem Parc de la Villette im Nord- und der Seine im Südosten wurden angesagte Quartiers um die Buttes Chaumont und Père Lachaise. Hier reichen die Mietpreise noch nicht an die astronomischen Summen der westlichen Stadtteile heran. Ein multikulturelles und authentisches Paris erlebt, wer sich ins Markttreiben rund um den Marché d'Aligre stürzt.

In diesem Kapitel:

ADAC Top Tipps:

8 **Butte Montmartre**
| Stadtviertel |
Im Volksglauben einst als Anhöhe (»butte«) der christlichen Märtyrer respektiert, wird der Montmartre heute vor allem wegen des Ausblicks übers Pariser Häusermeer bestiegen. 96

9 **Cimetière du Père Lachaise**
| Friedhof |
Viele derjenigen, die hier ihre letzte Ruhestätte fanden, bekommen oft Besuch, denn kein anderer Pariser Friedhof weist eine größere Dichte an Prominentengräbern auf. 104

ADAC Empfehlungen:

16 Musée de la Vie romantique
| Museum |

Eine Kulisse, die man in Paris nicht erwartet: romantisches Schriftstellerrefugium mit verträumtem Garten. 101

17 Auberge Pyrénées Cévennes
| Restaurant |

Botschaft des ländlichen Frankreichs: erfrischend einfache Hausmannskost mit Qualitätsgarantie. 104

18 Palais de la Porte Dorée
| Museum |

Im ehemaligen Kolonialmuseum stellt sich Frankreich heute der Geschichte seiner Immigranten. 104

19 Bibliothèque nationale – site François-Mitterrand
| Bibliothek |

Vier hohe gläserne Türme in Form aufgeschlagener Bücher, diese Symbolarchitektur gefiel dem einstigen Präsidenten François Mitterrand für »seine« Nationalbibliothek. Mit etwa 30 Millionen Büchern und Dokumenten ist sie eine der größten Bibliotheken der Welt. 106

20 Le Train Bleu
| Restaurant |

Zum kulinarischen Genuss gesellt sich der Augenschmaus – nicht nur auf dem Teller: Man betrachte auch die opulenten, denkmalgeschützten Malereien an der Decke. 108

21 Marché d'Aligre
| Markt |

Einer der größten und buntesten Märkte – und der einzige, dessen alte Halle noch steht. 108

22 Le Pigalle
| Hotel |

Ein kleines Hotel so bunt und exzentrisch wie das Quartier, nach dem es benannt ist. Die Einrichtung orientiert sich an Themen des Viertels. 111

59 Butte Montmartre

Dörflicher Charme auf dem höchsten Hügel von Paris

Dem Heiligsten Herzen Jesu geweiht ist die Wallfahrtskirche Sacré-Cœur de Montmartre

Information

■ Métro 2: Anvers, Blanche, Métro 12: Abbesses, Lamarck-Caulaincourt

8 *Im Kontrast vereint: Künstlerviertel, Filmkulisse, Touristenmagnet*

Niedrige Häuser, häufig an kopfsteingepflasterten Sträßchen gelegen, die dem Auf und Ab des Montmartrehügels folgen – diese pittoreske Atmosphäre machte das Quartier zu einer besonderen Touristenattraktion. Scharen von Besuchern schieben sich durch das Viertel, immer auf der Suche nach der (verlorenen) Zeit, als noch Maler und Literaten durch die Gassen von Montmartre streiften. Und tatsächlich, abseits der Basilika von Sacré-Cœur und Place du Tertre gibt es ihn noch, den dörflichen Charakter von Montmartre. Wenn in den Morgenstunden die Großstadt erwacht, ist der ideale Zeitpunkt für einen Besuch. Der herrliche weite Blick vom Vorplatz der Basi-

Plan S. 98

lika auf Paris ist dann noch nicht verstellt, und auch die Place du Tertre liegt noch ganz verschlafen da …

Sehenswert

a Cimetière de Montmartre

| Friedhof |

Der älteste der Pariser Friedhöfe entstand Anfang des 19. Jh. in einem ehemaligen Gipssteinbruch. Recht sonderbar erscheint sein Eingangsbereich, denn hier führt eine im Jahr 1888 errichtete Straßenbrücke über ihn hinweg. Das hält viele Besucher natürlich nicht davon ab, unter den 20 000 Gräbern jene von Heinrich Heine, Jacques Offenbach, Edgar Dégas, der Sängerin Dalida oder des Tänzers Nijinsky zu suchen. Und auch das (leere) Grab (Kenotaph) Émile Zolas, dessen Leichnam später ins Panthéon übergeführt wurde, findet sich hier auf dem Friedhof von Montmartre.

■ Métro 2: Blanche, 20, avenue Rachel, Mo–Fr 8–18, Sa 8.30–18, So 9–18, 6. Nov.–15. März bis 17.30 Uhr

b Moulin Rouge

| Varieté |

Die weltberühmte rote Mühle auf dem Dach des Moulin Rouge dreht sich abends effektvoll beleuchtet und soll heute wie einst zur Eröffnung 1889 Neugierige animieren, sich die abendlichen Tanzrevuen im überwiegend mit rotem Samt ausgekleideten und 850 Plätze bietenden Saal anzuschauen. Schnell wurden Ende des 19. Jh. die Darbietungen des French Cancan legendär, nicht zuletzt durch die Plakate des Stammgastes und Künstlers Henri de Toulouse-Lautrec. Einst Treffpunkt der seidenen Halbwelt, vergnügungssüchtiger Bürger aus den feinen »quartiers« der Innenstadt und natürlich vieler mittelloser Künstler des Montmartre, besteht heute ein Großteil der jährlich fast 500 000 Gäste aus zahlungskräftigen, sich nach der Pariser Nostalgie sehnenden Touristen.

■ Métro 2: Blanche, 82, boulevard de Clichy, www.moulinrouge.fr, Show 19, 21, 23 Uhr, ab 110 € (19 Uhr mit Dîner ab 205 €)

c Église Saint-Jean-Evangeliste

| Kirche |

Zur Zeit ihrer Entstehung zwischen den Jahren 1894 und 1904 war dies die erste Kirche aus Stahlbeton, die mit tragenden Säulen von nur 50 cm Durchmesser auskam. Bei einer inneren Höhe von 25 m erschien das vielen Zeitgenossen suspekt, da sie nicht an die extreme Stabilität des damals noch neuen Baumaterials glaubten. Auch von der Ästhetik des Betons hielt man wenig, und so wurden die Außenfassaden mit Ziegelsteinen und Mosaiken verkleidet, was dem Bau eine orientalische Note verlieh und zugleich auch an den Jugendstil erinnerte.

■ 21, rue des Abbesses, www.saintjeandemontmartre.com, Mo–Sa 9–19, So 9.30–19, Messe Sa 18.30, So 10.30 Uhr

d Villa Léandre

| Straße |

Diese kleine kopfsteingepflasterte Sackgasse, die in einer Kurve von der eleganten Avenue Junot abzweigt, erinnert mit ihren schmalen Reihenhäusern an Theaterkulissen. Wer sich auch an englische Architektur erinnert fühlt, wird sich vor der Hausnummer 10 stehend sicher amüsieren: Hier scheint der Anwohner ein Faible für die Londoner Downing Street und zweifellos Sinn für Humor zu haben.

■ Seitensträßchen der Avenue Junot

e Au Lapin Agile

| Kabarett |

Am Fuße des einzigen Weinbergs des Montmartre steht ein winziges Haus. Auf der rosafarbenen Hauswand hängt ein Schild, das ein aus einer Kasserolle hüpfendes Kaninchen zeigt. Der Karikaturist André Gill hatte es 1875 für die bereits um 1860 eröffnete Schenke, aus der bald ein berühmtes Kabarett werden sollte, gemalt. Ein Wortspiel machte aus Gill's Kaninchen (frz. »lapin à Gill«) das aus der Kasserolle springende »flinke Kaninchen« (frz. »lapin agile«), womit der neue Name gefun-

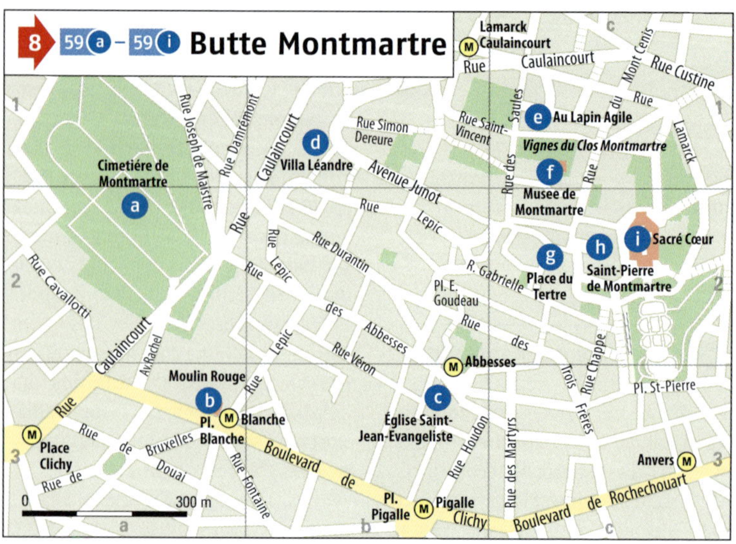

den war. Künstler wie Picasso besuchten das skurrile Kabarett, später traten hier Chansoniers wie Georges Brassens oder Claude Nougaro auf. Wer sich berufen fühlt, eigene Gedichte vor Publikum zu rezitieren, ist hier auch heute noch an der richtigen Adresse.

■ 22, rue des Saules, au-lapin-agile.com, Reservierung Tel. 01 46 06 85 87, Di–So 21–1 Uhr, 35 €, erm. 25 € (Studenten unter 26 J., außer Sa, So)

f Musée de Montmartre

| Museum |

Ein herrlicher Garten gehört zu diesem wohl ältesten noch erhaltenen Landhaus am Montmartre, das seit dem 17. Jh. viele verschiedene Besitzer hatte. In der »Maison du Bel Air« lebten und arbeiteten Auguste Renoir, Émile Bernard und Raoul Dufy. Heute zeichnet das hier eingerichtete Museum die Geschichte (wie die Geschichten) des Montmartre nach. Themen sind etwa das Bateau-Lavoir, das legendäre, in den 1960er-Jahren abgebrannte Atelierhaus, in dem Picasso mit seinen »Demoiselles d'Avignon« den (von afrikanischer Kunst inspirierten) Kubismus »erfand«, oder das Ambiente der bekannten Kabaretts und Tanztheater.

■ 12, rue Cortot, www.museedemontmartre.fr, April–Sept. 10–19, Nov.–März 10–18 Uhr, 14 €, erm. 8–10 €

g Place du Tertre

| Platz |

Auf dem alten Hauptplatz des Dorfes Montmartre mit seinem hier 1790 installierten Bürgermeisteramt haben heute die Maler ihre Staffeleien aufgestellt. Die Qualität ist sehr unterschiedlich, dennoch reihen sie sich in die Künstlertradition des Viertels ein, in dem vor über 100 Jahren van Gogh, Renoir, Picasso oder Modigliani verkehrten und ihrerseits immer nach einem interessierten Publikum Ausschau hielten.

■ An der Rue Norvins

ADAC Wussten Sie schon?

Wer hätte schon einen **Weinberg** mitten in Paris erwartet? Er liegt am Montmartre. Der hier geerntete Wein wird im Rathaus des 18. Arrondissement (Montmartre) gekeltert und dann als echte Rarität zu hohen Preisen auf Auktionen zugunsten karitativer Zwecke versteigert. Die Anlage des Weinbergs ging auf die »Besetzung« eines Terrains an der nördlichen Flanke des Montmartre-Hügels durch die Anwohner Anfang der 1930er-Jahre zurück, womit ein Immobilienprojekt verhindert werden konnte. Um dem nun unbebauten Terrain eine Bestimmung zu geben, wurden Weinstöcke gepflanzt.

Vignes du Clos Montmartre, Rue des Saules/Ecke Rue St-Vincent, *Plan S. 98 c1*

h Saint-Pierre de Montmartre

| Kirche |

Sie wurde im frühen 12. Jh. erbaut und ist damit eine der ältesten Kirchen der Stadt. An ihrer Stelle ließ sich ein römischer Tempel nachweisen, von dem noch vier Säulen in die romanische Kirche verbaut wurden. Einst gehörte sie zu einer großen Abtei, in deren Besitz sich bis zur Französischen Revolution der gesamte Montmartre-Hügel befand. Im Kircheninnern mit modernen Buntglasfenstern ist Ruhe vom Treiben ringsherum garantiert.

■ 2, rue du Mont Cenis, www.saintpierredemontmartre.net

Sacré-Cœur

| Kirche |

Die (bei Sonnenschein) blendend weiße, aus Travertin errichtete Basilika, in der man sich dem Herz-Jesu-Kult verschrieben hat, thront schon von Weitem sichtbar auf der Hügelkuppe. Mit ihren fünf unterschiedlich großen Kuppeln erinnert sie an byzantinische Vorbilder, zu denen die beiden großen bronzenen Reiterstandbilder der Jeanne d'Arc und König Ludwigs IX. nicht so recht passen wollen. Der Bau der Basilika wurde erst 1875 begonnen und vom französischen Staat mithilfe privater Spenden ermöglicht. Die Baukosten vervielfachten sich aber, als man feststellte, dass der Untergrund durch den Gipsabbau am Montmartre instabil war und daher besonders präpariert werden musste. Hauptattraktion des Innenraums ist neben seiner Größe das fast 500 m^2

Im Blickpunkt

Vier Millionen Passagiere pro Tag: die Pariser Métro

London hat bereits seit dem Jahr 1863 seine »Underground«, Budapests »Metró« eröffnete 1896. Und Paris gönnte sich zur Weltausstellung im Jahr 1900 seine eigene »Métro«: Im Juli jenes Jahres befuhr erstmals die Linie 1 die Stadt unterirdisch von Westen (Porte de Vincennes) nach Osten (Porte Maillot). Schwungvoll aus Gusseisen gestaltete der Jugendstil-Architekt Hector Guimard die Abgänge in die moderne Unterwelt, von denen sich noch einige schöne Exemplare erhalten haben (Stationen Abbesses oder Porte Dauphine). 1913 waren bereits zehn Linien installiert, die jährlich von fast 470 Mio. Fahrgästen benutzt wurden. Bis 1935 kommen noch drei weitere Linien dazu. Erst 1998 wurde die letzte, dieses Mal jedoch fahrerlos und vollautomatisch betriebene Linie 14 hinzugefügt. Heute zählt die Pariser Métro über 300 Stationen, läuft auf einem 220 km langen Schienennetz und befördert rund vier Mio. Passagiere pro Tag – 1,5 Mrd. pro Jahr!

messende goldgrundige Mosaik im Chor. Zu beiden Seiten der überdimensionalen Christusfigur sind die himmlische und die irdische Kirche, die Stifter und die einzelnen Erdteile dargestellt. Über 300 Stufen gelangt man hinauf in die Kuppel (»dôme«) der Kirche. Hier liegt dem Besucher ganz Paris zu Füßen, der Ausblick ist einzigartig.
■ Parvis de la Basilique, www.sacre-coeur-montmartre.com, tgl. 6–22.30 Uhr, Kuppelaufstieg von außerhalb der Kirche (300 Stufen!) 10.30–20.30 Uhr, 7 €, erm. 4 €

Restaurants

€€ | BiBiche Unter neuem Namen hat sich das alte À la Pomponnette von 1909 in ein modernes und trendiges Bistro verwandelt, in dem es jetzt Cocktails und innovative Küche zu probieren gibt. ■ 42, rue Lepic, Tel. 01 46 06 08 36, www.chezbibiche.com, 8–1, Küche 12–23.30 Uhr, Plan S. 98 b2

€€ | Marcel Hier kommt zwar eher angelsächsische Küche auf den Tisch – aber man kann den Touristenströmen am Montmartre entfliehen oder an Wochenenden zünftig brunchen in einer der schönsten Sackgassen von Paris. ■ 1, Villa Léandre, Tel. 01 46 06 04 04, www.restaurantmarcel.fr, Mo–Fr 10–23, Sa, So Brunch 10–19 Uhr, Plan S. 98 b1

Cafés

Café des Deux Moulins Ein Café mit Kultstatus – hier wurden Filmszenen für »Die fabelhafte Welt der Amélie« gedreht – und viel Stammkundschaft, in dem sich für relativ wenig Geld ein Stück authentisches Paris erleben lässt. ■ 15, rue Lepic, Tel. 01 42 54 90 50, www.cafedesdeuxmoulins.fr, Mo–Fr 7–2, Sa, So 9–2 Uhr, Plan S. 98 b2

Events

La Fête des Vendages de Montmartre
Beim traditionellen Erntedankfest am Weinberg des Montmartre gibt es jeweils am 2. Oktoberwochenende viel Musik und Tanz und jede Menge Speis und Trank. ■ Rue des Saules/Rue St-Vincent, Métro 12: Lamarck–Caulaincourt, www.fetedesvendangesdemontmartre.com, Plan S. 98 c1

60 Musée de la Vie romantique

16 *Eine grüne Oase der Stille südlich von Pigalle*

■ Métro 12: Saint-Georges, Pigalle, 16, rue Chaptal, www.museevieromantique.paris.fr, Di–So 10–18 Uhr, Eintritt frei

Als sich der niederländische Maler Ary Scheffer 1830 dieses alleinstehende Haus mit großem Garten errichten ließ, befand sich dieses am nördlichen, noch wenig bebauten Pariser Stadtrand – das angrenzende Dorf Montmartre wurde erst 1860 eingemeindet. Auch das große Atelier im Garten geht auf Scheffer zurück, dessen Anwesen sich bald zum Künstler-, Musiker- und Literatentreffpunkt entwickelte. George Sand mit Frédéric Chopin, Franz Liszt oder Charles Dickens waren unter den Gästen. 1987 entschloss sich die Stadt Paris, mittlerweile Besitzer des heute versteckt gelegenen Hauses, ihm den Namen »Museum des romantischen Lebens« zu geben, was wohl jeder sofort nachvollziehen kann, der im romantischen Teesalon oder unter den Glyzinien im Garten das Piano bewundert, an dem schon Chopin spielte.

61 Musée Gustave Moreau

Beim Meister des Symbolismus herrscht eine gediegene Atmosphäre

■ Métro 12: Trinité, Saint-Georges, Pigalle, 14, rue de La Rochefoucauld, www.musee-moreau.fr, Mi–Mo 10–18 Uhr, 7 €, erm. 5 €, bis 26 J. und 1. So im Mo Eintritt frei

Schon von außen beeindruckt das Haus, das die Familie Moreau für ihren Sohn Gustave 1852 im Quartier »La Nouvelle Athènes« südlich des Montmartre erstand. Der Maler ließ sein Elternhaus 1896 für Atelierzwecke noch um ein weiteres Geschoss erhöhen. Er starb kurze Zeit später, und der französische Staat respektierte 1902 seinen im Testament formulierten Wunsch, das Haus mit all seinen Werken im Inneren der Nachwelt als ein Museum zu erhalten. So betritt der Besucher heute nicht nur das Atelier des symbolistischen Malers, sondern taucht auch ein in die Welt des Fin de Siècle.

62 Parc de la Villette

Wo einst die Pariser Schlachthöfe standen, geht's heute um Kultur und Freizeit

■ Métro 7: Porte de la Villette (Cité des Sciences), Métro 5: Porte de Pantin (Cité de la Musique), www.lavillette.com

Im Jahr 1867 hatte Napoleon III. seinen Stadtplaner Baron Haussmann damit beauftragt, im Nordosten der Stadt die zentralen Schlachthöfe und den Viehmarkt anzulegen. Knapp hundert Jahre später fasste die Stadt eine grundlegende Modernisierung der Anlagen ins Auge. Doch der geplante, Anfang der 1970er-Jahre bereits begonnene Neubau wurde aufgegeben und dient heute, erneut umgebaut, als Technikmuseum. Lediglich die »Halle aux Bœufs«, die 240 m lange »Rinderhalle« aus dem Jahr 1867, wird noch bis heute als große Veranstaltungshalle genutzt. Der Rest des Geländes wurde begrünt, die Schlachthöfe verlegte man in die Vororte. Architektonische Glanzlichter setzte man in den letzten drei Jahrzehnten mit der Cité de la Musique, dem Konzertsaal Zénith und zuletzt mit der großen Philharmonie. Im Sommer locken vor allem die Uferpromenaden des Canal de l'Ourcq.

Sehenswert

Cité des Sciences et de l'Industrie
| Museum |
Was ursprünglich als riesige Auktionshalle für Schlachtvieh gedacht war, wurde in ein Wissenschafts- und Technikmuseum verwandelt. Mit seinen rund 100 000 m^2 Fläche gehört es zu den größten der Welt. Spielerisch werden Kinder in der sehr beliebten »Cité des Enfants« an die Welt der Forschung und Technik herangeführt. Die Dauerausstellung »Explora« lässt sie mit unterschiedlichsten interaktiven Hilfsmitteln zahlreiche Erfindungen nachvollziehen und hinter die Kulissen der Forschungen etwa zu Licht, Ton, Energie oder Mathematik schauen. Spektakuläre Simulationen und Filme im Planetarium illustrieren ganz anschaulich Astronomie und Astrophysik. Vor den Toren der Cité des Sciences kann das aus den 1950er-Jahren stammende U-Boot »Argonaute« erkundet werden; in »La Géode«, einem »Rundum-Kino«, werden IMAX- und 3D-Filme auf einer halb-

kugelförmigen, 1000 m² großen Projektionsfläche gezeigt.

■ 30, avenue Corentin-Cariou, www.cite-sciences.fr, Di–Sa 9.30–18, So bis 19 Uhr, 12 €, erm. 9 €

Cité de la musique

| Museum |

Christian de Portzamparc schuf die Gebäude des Konservatoriums und des Musée de la Musique 1995 in geschwungenen Formen, die entfernt an Konzertflügel erinnern. Die wertvolle staatliche Sammlung an Musikinstrumenten vom 17. Jh. bis zur Gegenwart präsentiert das Museum auf ungewöhnliche Weise. Nähert sich der Besucher den Ausstellungsvitrinen, hört man von den jeweiligen Instrumenten eingespielte Musikstücke. Hervorragende Wechselausstellungen zur Welt der Musik ergänzen das Programm. Neuestes Architekturhighlight der Cité ist die 2400 Zuhörern Platz bietenden Philharmonie des Stararchitekten Jean Nouvel mit ihrer silbrig schimmernden Fassade, die sich aufzufalten scheint. Auch den großen Konzertsaal dominieren abgerundete Formen.

■ 221, avenue Jean-Jaurès, www.philharmoniedeparis.fr, Di–Fr 12–18, Sa, So 10–18 Uhr, Musée de la Musique (während Ausstellungen) 12 €, erm. 10 €, Kinder 8 €

63 Parc des Buttes-Chaumont

Wie aus einem Gipstagebau einer der ungewöhnlichsten Parks wurde

■ Métro 5: Laumière, Métro 7bis: Buttes Chaumont, Zugang Rue Botzaris, Rue Manin, Rue de Crimée, Avenue Simon-Bolivar, 7–21, Mai–Aug. 7–22 Uhr

Auf das Jahr 1865 datiert der Beschluss, das abschüssige Gelände, auf dem man seit der Französischen Revolution Gips abgebaut hatte und das später, brachliegend und als Mülldeponie miss-

Kino in der Halbkugel – La Géode mit Rundum-Leinwand im Parc de la Villette

braucht, in einen Park für die Bewohner des gerade als 19. Pariser Arrondissement eingemeindeten Vororts verwandelt wurde. Das Ergebnis kann sich bis heute sehen lassen: ein See, künstliche Grotten mit ebenso artifiziellen Stalaktiten, ein Belvedere in Form eines Rundtempels und großzügig bepflanzte Zierbeete sowie Rasenflächen.

Restaurants

€ | Que du bon Modernes Bistro, dessen Küchenchef eine kulinarische Vorliebe für das Baskenland hat. ■ 22, rue Plateau, Tel. 01 42 38 18 65, www.restaurantquedubon.fr, Mo–Fr 12–14 und 19.45–22.30 Uhr

64 Cimetière du Père Lachaise

9

Letzte Ruhestätte vieler Größen der Pariser Geistesgeschichte

■ Zugänge Boulevard de Ménilmontant (Métro 3: Père Lachaise), Avenue du Père Lachaise (Métro 3: Gambetta), www.pere-lachaise.com, Nov.–Mitte März Mo–Fr 8–17.30, Sa, So ab 9; Mitte März–Okt. Mo–Fr 8–18, Sa ab 8.30, So ab 9 Uhr

Der älteste und größte der Pariser Friedhöfe ist zugleich der am meisten besuchte weltweit. Die 70 000 Gräber verteilen sich auf den südlichen und ältesten Teil, der wie ein englischer Landschaftspark angelegt wurde und von geschwungenen Alleen durchzogen ist. Den nördlichen und jüngsten Teil des Friedhofs mit Krematorium und Columbarium (Urnengrabstätte) bestimmt ein geometrisches Raster von Alleen. Um den Überblick nicht zu verlieren, verteilen sich die Gräber auf einzelne Divisionen, deren Lage auf Plänen an den Friedhofseingängen studiert werden können, wo die berühmtesten Toten alphabetisch aufgelistet sind. Selbst wer nicht auf der Suche nach den Gräbern von Schauspielern wie Simone Signoret und Yves Montand, Chansoniers wie Gilbert Bécaud oder Edith Piaf, Künstlern wie Eugène Delacroix, Literaten wie Honoré de Balzac, Oscar Wilde und Marcel Proust oder Musikern wie Frédéric Chopin und Jim Morrison ist, bewundert die Architekturen und Dekorationen der Familiengrüfte, die bombastischen Mausoleen und dazu im Kontrast stehender einfacher Grabplatten. Alle zusammen spiegeln sie nicht zuletzt 200 Jahre Kulturgeschichte von der Romantik über den Neoklassizismus wie den Jugendstil bis zur Gegenwart.

Restaurants

17 **€€ | Auberge Pyrénées Cévennes** Hier wird rustikal südwestfranzösisch gekocht. Es gibt sogar authentisches »cassoulet«, eine Seltenheit in Paris. ■ Métro 11: Goncourt, 106, rue de la Folie-Méricourt, Tel. 01 43 57 33 78, www.auberge-pyrenees-cevennes.fr/de, Di–Fr 12–13.30, 19–22.30 Uhr, Mo und Sa nur abends

65 Palais de la Porte Dorée

18

Kolonialismus war gestern – heute geht es hier um Immigration

■ Métro 8: Porte Dorée, 293, avenue Daumesnil, www.palais-portedoree.fr, Di–Fr 10–17.30, Sa, So 10–19 Uhr, Musée national de l'histoire de l'immigration, www.histoire-immigration.fr, 8 €, erm. 5 €, bis

26 J. und 1. So im Mo Eintritt frei, Aquarium tropical, www.aquarium-tropical.fr, 8 €, erm. 5 €, Kombitickets für Museum und Aquarium 12 €, erm. 9 €

Das zur Kolonialausstellung im Jahr 1931 errichtete Palais ist eines der imposantesten Gebäude in Paris. Seine Größe und vor allem die fast 90 m breite Schaufassade mit ihren Flachreliefs, die von den einstigen französischen Kolonien, ihrer Kultur und dem Handel mit dem Mutterland erzählen, sind Paradebeispiele des Art-déco-Stils der späten 1920er-Jahre. Im Inneren setzen sich diese Beschreibungen in riesigen Wandgemälden fort. Den Kern des Palais bildet heute das nationale Museum für die Geschichte der Immigration, das 2007 eingerichtet wurde und in ausgezeichneten Wechselausstellungen die diversen Facetten der Immigration nach Frankreich einst und jetzt nachzeichnen. Zum Gebäudekomplex gehört auch ein tropisches Aquarium, das ab 1931 dem Publikum die Unterwasserwelt der überseeischen Kolonien zeigen sollte.

Sehenswert

Bois de Vincennes

| Park |

Wie sein Gegenstück im Westen, der Bois de Boulogne, fungiert auch der Bois de Vincennes als »grüne Lunge« der Millionenmetropole. Ursprünglich befand sich hier eine der vielen königlichen Jagddomänen – an seinem Nordrand findet man noch heute das Schloss von Vincennes als eine ehemals wichtige Residenz der französischen Könige. Mit künstlichen Seenlandschaften, Wander- und Reitwegen,

Oscar Wildes Grab auf dem Cimetière du Père Lachaise ziert eine geflügelte Sphinx

An aufgeschlagene Bücher erinnern die vier Glastürme der Bibliothèque nationale

einer Pferderennbahn sowie diversen Sportplätzen erstreckt sich der Wald im Osten bis zur Marne. Es ist aber vor allem der große Zoologische Garten, der die Pariser zahlreich anlockt.

■ Métro 1: Château de Vincennes, Métro 8: Porte Dorée, Zoologischer Garten, Métro 8: Porte Dorée, Avenue Daumesnil, www.parczoologiquedeparis.fr, Sommer 9.30–20.30, Sept., Okt., April Mo–Fr 9.30–18, Sa, So bis 19.30, Nov.–März Mo–Fr 10–17 Uhr, 20 €, erm. 15 €

66 Bibliothèque nationale – site François-Mitterrand

19 *Weltgrößter Bibliotheksbau: sündhaft teuer und einst umstritten*

■ Métro 6: Quai de la Gare, Quai François-Mauriac, www.bnf.fr, Wechselausstellungen Di–Sa 10–19, So 13–19 Uhr

Unter den Entwürfen für die neue französische Nationalbibliothek, die dem damaligen Staatspräsidenten François Mitterrand im Jahr 1988 vorlagen, gefiel ihm derjenige des Architekten Dominique Perrault am besten, sah er doch vier Glastürme vor, die wie aufgeschlagene Bücher aussehen und zwischen denen ein mit hohen Bäumen bepflanzter Innenhof liegen sollte. Zehn Jahre später, 1998, wurde diese größte Bibliothek der Welt vollendet und rief sogleich zahlreiche Kritiker auf den Plan, die auf die offenbar schlecht durchdachte Aufbewahrung von lichtempfindlichen Büchern in gläsernen Hochhäusern hinwiesen. Teure Lösungen mussten gefunden werden, aber die von Mitterrand geschätzte Symbolsprache der Architektur fasziniert wohl jeden Besucher, der sich auf die riesigen Freiflächen zwischen den Türmen begibt, um einen Blick in die Tiefe des Innenhofs zu wagen.

Sehenswert

Cinémathèque Française

| Filminstitut |

Dieses berühmte nationale Filminstitut, das im Jahr 1935 gegründet wurde und seit 2005 seinen Sitz in einem Bau des US-amerikanischen Stararchitekten Frank Gehry hat, kümmert sich um die Bewahrung des Filmerbes, restauriert wertvolle Filmkopien und widmet sich in einem eigenen Museum der Geschichte des Films. In einem angeschlossenen Kino werden häufig Meilensteine der Filmgeschichte gezeigt.

■ Métro 6, 14: Bercy, 51, rue de Bercy, www.cinematheque.fr, Mo, Mi–Fr 12–19, Sa, So 11–20 Uhr, 10 €, erm. 7,50 € (bis 26 J., unter 18 J. 5 €)

Cour Saint-Émilion – Bercy Village

| Einkaufsmeile |

Hier haben sich noch Lagerhäuser für den in die Hauptstadt gelieferten Wein erhalten, die zu Beginn der 1980er-Jahre nach mehr als 100-jähriger Nutzung allmählich aufgegeben wurden. Eingezogen sind nach einer Umstrukturierung Restaurants, Cafés und eine Vielzahl an Geschäften, die den Cours Saint-Emilion zu einer beliebten Freizeitadresse machen.

■ Métro 14: Cour Saint-Émilion, Boutiquen 11–21 (auch So), Restaurants 11–2 Uhr

Parc de Bercy

| Park |

Den jüngsten der Pariser Parks erreicht man auch über die filigrane Passarelle, die von der Nationalbibliothek aus die Seine überspannt. Hier lagen einst die Weindepots von Paris, versorgt von Seine-Schiffen, die ihre Ladung an den nahen Ufern löschten. Einige bauliche Überreste sind noch erhalten.

■ Métro 14: Cour Saint-Émilion, Eingänge Rue Paul-Belmondo, Rue Joseph-Kessel, Rue de l'Ambroisie, Rue François-Truffaut, Quai und Rue de Bercy, Mo–Fr 8–21.30, Sa, So 9–21.30, Sept.–März bis 17.30 Uhr

67 Les Docks

Aus den alten Docks am Seine-Ufer wurde ein Designtempel

■ Métro 5: Gare d'Austerlitz, Métro 6: Quai de la gare, 34, quai d'Austerlitz, www.instagram.com/citemodedesign, tgl. 10–24 Uhr

Seit 1907 dienten hier Lagerhäuser aus Stahlbeton direkt am Seine-Ufer als Teil des Pariser Hafens. Diese Häuser stehen immer noch, aber eine froschgrüne Verkleidung aus Metall und Glas, die sich über ihre Fassaden zu schlängeln scheint, verbirgt sie. Das Architekturbüro Jakob + MacFarlane hat sich mit dieser gewagten Gestaltung am heutigen Nutzer der ehemaligen Hafengebäude orientiert, das aus dem Mode- und Designzentrum, einer Modeschule sowie mehreren Restaurants und Clubs (z. B. »Wanderlust«, S. 110) besteht.

68 Gare de Lyon

Traditionsreicher Bahnhof aus der Zeit der Belle Époque

■ Métro 1, 14: Gare de Lyon

Von Weitem sichtbar ist der gewaltige Uhrenturm, der den Lyon-Kopfbahnhof charakterisiert. Schon zur Weltausstellung im Jahr 1900 eröffnet, dient er seitdem den Zügen, die überwiegend in südöstliche Richtung unterwegs sind. Ursprünglicher Betreiber war die Eisenbahn-Gesellschaft »Paris–Lyon–Mediterranée«, die auch den legendären »Train Bleu«, einen offiziell »Calais-Mediterranée Express« genannten Luxuszug, an die Côte d'Azur bis Menton schickte. Ende 2007 wurde der Betrieb des blau angestrichenen Zuges, der 1886 erstmals auf Fahrt gegangen war und in dem es seit 1922 einen Liegewagen mit Schaffner gab, eingestellt. Neben dem ehemaligen Bahnhofsbuffet »Le Train Bleu« ist die lange Schalterhalle sehenswert, an deren Südwand sich über 100 m lang Fresken mit einzelnen Bahnstationen gen Süden entlangziehen.

Sehenswert

Le Train Bleu

| Restaurant |

20 *Vielleicht das schönste Bahnhofsrestaurant der Welt*

Das denkmalgeschützte Dekor dieses Restaurants in der 1. Etage besteht aus über 40 großen Deckenfresken, die Ansichten der Städte an der Strecke des Zuges wie Orange, Marseille oder Grenoble zeigen und von schweren vergoldeten Stuckaturen gerahmt sind. Kein Wunder, dass dieses Dekor schon oft als Filmkulisse diente wie etwa in Luc Bessons »Nikita«. Wen die etwas überzogenen Preise abschrecken, der entspanne sich in der Bar zur »Teatime« – vielleicht sogar auf einen TGV zum Mittelmeer wartend.

■ 1. Stock, Tel. 01 43 43 09 06, www.le-train-bleu.com, Bar Mo–Sa 7.30–22.30, Restaurant 11.15–14.30 und 19–22.30 Uhr

69 Marché d'Aligre

21 *Fliegende Händler draußen, bunte Stände im Innern der Markthalle*

■ Métro 8: Ledru-Rollin, Place d'Aligre, marchedaligre.free.fr, Di–Sa 9–13, So 9–14, Markthalle Di–Sa auch nachmittags bis ca. 19 Uhr

Dieser Markt ist bei den Parisern so beliebt, dass er sogar »der kleine Bauch von Paris« genannt wird, nach den alten Pariser Markthallen, die mit Émile Zolas »Le Ventre de Paris« (dt. »Der Bauch von Paris«) im Jahr 1873 in die Literatur eingingen. Dabei fällt die Entscheidung schwer, ob man auf dem Marché d'Aligre eher an den bunten Marktständen auf dem Platz und in den angrenzenden Straßen oder doch lieber durch die nicht sehr große, aber noch in ihrem originalen Zustand erhaltene Markthalle schlendern soll. Das Angebot an Käse, Fleisch, Fisch, Obst und Gemüse ist hier so reichhaltig wie verführerisch – da bleibt man auch gern ein bisschen länger.

Restaurants

€€ | L'Ebauchoir Uriges Bistro mit günstigen Mittagsmenüs, kleiner, aber feiner Speisekarte und angenehm entspannter Atmosphäre. ■ Métro 8: Faidherbe–Chaligny, 43–45, rue de Citeaux, Tel. 01 43 42 49 31, www.lebauchoir.com, Di–Sa 12–14.30 und 19.30–21, Mo nur 19.30–21 Uhr

€€ | Le Square Trousseau Traditionsreiches Café-Restaurant, in dem man theoretisch den ganzen Tag zubringen könnte – vom ersten Croissant bis zum letzten Glas Wein. ■ 1, rue Antoine Vollon, Tel. 01 43 43 06 00, www.squaretrousseau.com, tgl. 8.30–1 Uhr

Am Abend

Im Umkreis des Montmartre – nicht nur im Rotlichtbezirk Pigalle – hat das Nachtleben Tradition, und so finden sich auch einige der bekanntesten Konzertsäle und Theater an den Boulevards am Fuße des Hügels. Im Nordosten ist der Parc de la Villette ein Hotspot für jede Form der Musikaufführung vom klassischen Konzert bis hin zum aktuellsten Sound der bis weit über die Landesgrenzen hinaus berühmten französischen Technoszene. Teile der alten Pariser Hafenanlagen sind im Südosten stillgelegt worden und haben sich ebenso zu einem Ausgehviertel entwickelt wie das Quartier zwischen République und Père Lachaise mit der Rue Oberkampf als Kneipen- und Barmeile.

Kinos

La Géode Kinospaß der besonderen Art in einem Rundum-Kino mit Spezialprogramm. Statt Actionfilmen sind hier atemberaubende Flüge durchs Weltall zu sehen. ■ 26, avenue Corentin-Cariou, Tel. 01 40 05 79 99, www.lageode.fr, Métro 7: Porte de la Villette, Mo 13.30–17.30, Di–So 10.30–18.30 Uhr

Bühne

Le Centquatre Im ehemaligen städtischen Beerdigungsinstitut von Paris sind heute Konzertsäle, Theaterbühnen, Ausstellungsräume und Künstlerateliers untergebracht. Das Abendprogramm hier ist recht vielfältig – von modernem Tanz über zeitgenössisches Theater bis zum Folk- oder Rockkonzert. ■ 5, rue Curial, Tel. 01 53 35 50 00, www.104.fr, Di–Fr 12–19, Sa, So 11–19 Uhr, Métro 7: Riquet

Théâtre des Bouffes du Nord Theater mit großem Renommee in einem Bau von 1876, das vom britischen Theaterregisseur Peter Brook vor Jahrzehnten in eine Spielstätte für zeitgenössisches Theater verwandelt wurde. ■ 37 bis, boulevard de la Chapelle, Tel. 01 46 07 34 50, www.bouffesdunord.com, Métro 2: La Chapelle

Konzert

Cité de la musique Der große, seit 2015 in die von dem Architekten Christian de Portzamparc entworfene, unweit des Konservatoriums gelegene Cité de la musique eingebundene Konzertsaal der Philharmonie bietet 2400 Plätze und ist die neueste Kreation des französischen Stararchitekten Jean Nouvel, also nicht nur für Fans klassischer Musik ein Muss. Hier werden aber auch Jazz- und Weltmusik-Konzerte gegeben. ■ Philharmonie de Paris, 221, avenue Jean-Jaurès, www.philharmoniedeparis.fr

La Cigale Ende des 19. Jh. erbaut, ist das Cigale heute eine der wichtigsten Pariser Adressen für Rock, Pop oder Soul. Die Konzerte sind stets ausverkauft, Karten sollte man sich also immer schon einige Zeit im Voraus sichern. ■ 120, boulevard Rochechouart, Tel. 01 49 25 89 99, www.lacigale.fr, Métro 2: Anvers, Métro 2, 12: Pigalle

Le Zénith Architektonisch keine Meisterleistung, aber ideal für Rock- oder Technokonzerte im Parc de la Villette.

Eisiges Vergnügen: Bar im Kube-Hotel

■ 211, avenue Jean-Jaurès, Tel. 01 44 52 54 56, www.le-zenith.com, Métro 5: Porte de Pantin

Kneipen, Bars und Clubs

Bateau Phare Konzerte am Abend und Club bis nach Mitternacht, so läuft das Nachtleben auf diesem alten Schiff auf der Seine ab, das Fans elektronischer Musik anlockt. Neuerdings auch mit großer Terrasse. ■ 11, quai François Mauriac, Tel. 06 89 86 35 03, www.lebateauphare.co, Métro 6: Quai de la Gare, tgl. 12–23, Do bis 0.30, Fr, Sa bis 1.30 Uhr

Café Charbon Club und Café gehören hier irgendwie zusammen, schließlich nähren sich die Clubgänger nicht nur von der Musik, sondern müssen sich auch mit der Bistroküche des Charbon stärken. ■ 109, rue Oberkampf, Tel. 01 43 57 55 13, www.lecafecharbon.fr, Métro 3: Parmentier, So–Mi 8–2, Do 8–4, Fr, Sa 8–5 Uhr

Ice Kube Mal eine etwas andere Erfahrung beim Cocktailtrinken in der (Ice-)Bar des Kube-Hotels, denn hier herrschen eisige Temperaturen mit minus 20 °C. Dafür sind im Eintrittspreis (25 €) auch zwei Cocktails mit Wodka und ein Shot inklusive. Nach einer halben Stunde, die man drin bleiben darf, ist einem dann wieder richtig schön warm. ■ 1–5, passage Ruelle, Tel. 01 42 05 20 00, www.kubehotel-paris.com, Métro 2: La Chapelle, Di–Sa ab 19 Uhr

La Fourmi Tagsüber das typische Eckcafé, am Abend eine urig eingerichtete Bar, die bis tief in die Nacht geöffnet ist und dann vor allem die Konzertgänger aus dem nahen Cigale mit raffinierten Cocktails und anderen Drinks versorgt. ■ 74, rue des Martyrs (neben La Cigale), Tel. 01 42 64 70 35, Métro 2, 12: Pigalle, Mo–Do 8–2, Fr, Sa 8–4, So 9–2 Uhr

La Machine Livemusik mit House und Techno, Rock und Pop im »Central«, dem großen Saal, und bis in die frühen Morgenstunden in der »Chaufferie«, dem Heizungskeller. ■ 90, boulevard de Clichy, Tel. 01 53 41 88 89, www.lamachinedumoulinrouge.com, Fr, Sa 24–6 Uhr, Métro 2, 13: Place de Clichy, Métro 2: Blanche

Le Bar à bulles Zu La Machine gehört auch diese alternative Tapasbar mit großer Hofterrasse und Montmartre-Feeling, in der es sich am Wochenende obendrein hervorragend brunchen lässt. ■ 4 bis, Cité Véron, Tel. 09 73 23 79 72, Di, Mi 18–24, Do 18–1, Fr 18–2, Sa 11–2, So 11–22 Uhr

Wanderlust Nicht nur ein toller Musik-Club, sondern mit einer 1600 m² großen Terrasse auch Restaurant, Cocktailbar und Biergarten sowie bei gutem Wetter sogar noch Freiluftkino (in Les Docks). ■ 32, quai d'Austerlitz, Tel. 06 16 85 11 10, www.wanderlustparis.com, Métro 6: Quai de la Gare oder Gare d'Austerlitz, tgl. 12–6 Uhr

Übernachten

Die Hotels sind hier überwiegend recht klein und in den typischen Haussmann-Bauten des letzten Jahrhunderts untergebracht, die nie als Hotels konzipiert wurden, aber ihren ganz eigenen Charme haben. Einige ziehen durch ihre hauseigenen Bistros und Restaurants auch Publikum an, das nicht im Hotel logiert. So hat man anders als in den großen Ketten die Chance, häufiger »echte« Pariser zu treffen.

€

Hotel du Pré Gutes familiengeführtes Hotel nahe Nord- und Ostbahnhof, mit relativ großen Zimmern. ■ 10, rue Pierre Sémard, Tel. 01 42 81 37 11, www.leshotelsdupre.com, Métro 7: Cadet

Paris Montmartre Das romantische Stadthotel bietet originell eingerichtete Zimmer und ist ruhig gelegen. ■ 17, rue Biot, Tel. 01 42 94 02 50, www.paris-montmartre-hotel.com, Métro 2, 13: Place de Clichy

€€

Mama Shelter Ein Designhotel von Stardesigner Philippe Starck und zugleich eine der angesagtesten Pariser Brunch-Adressen. ■ 109, rue Bagnolet, Tel. 01 43 48 48 48, fr.mamashelter.com/paris-east, Métro 8: Maraîchers

Timhotel Montmartre Schon wegen des grandiosen Blicks aus den Zimmern in der obersten Etage ist das Hotel empfehlenswert. Die Lage an einem verträumten Platz im Montmartre sucht ihresgleichen. ■ 11, rue Ravignan, Place Émile-Goudeau, Tel. 01 42 55 74 79, www.timhotel.com, Métro 12: Abbesses

€€€

Amour Farbenfrohe Zimmer im Retro-Look, schicke Bar, Restaurant. ■ 8, rue Navarin, Tel. 01 48 78 31 80, www.hotelamourparis.fr, Métro 12: Saint-Georges

22 **Le Pigalle** Das Hotel mit dem klingenden Namen bietet 40 individuell eingerichtete Zimmer in einem typischen Pariser Wohnhaus. ■ 9, rue Frochot, Tel. 01 48 78 37 14, www.lepigalle.paris, Métro 2, 12: Pigalle

ADAC Das besondere Hotel

Das in der Seine »schwimmende« Hotel **Off Paris Seine** hat natürlich nicht nur Zimmer mit garantiertem Seine-Blick, sondern auch einen eigenen Pool und ein Restaurant. Dass eine Schiffsanlegestelle ebenfalls dazu gehört, versteht sich von selbst.
€€ | Off Paris Seine, 20–22, port d'Austerlitz, Tel. 01 44 06 62 66, www.offparisseine.com/de, Zimmerpreise variieren je nach Ausrichtung (Seine oder Ufer)

Vor den Toren von Paris

Trutzburgen, Spielwiesen und Grablegen der französischen Könige, Europas größter Vergnügungspark – und »Frankreichs Manhattan«

In der »Région parisienne«, dem Pariser Ballungsraum mit seinen knapp zwölf Millionen Einwohnern, liegt die Hauptstadt Paris wie die Spinne in ihrem Netz. Auf sie zielen der gesamte Nahverkehr und alle Autobahnen hin – sowie der Großteil der Touristen. Doch auch außerhalb der Stadtgrenzen wartet auf den Reisenden noch eine ganze Reihe von Attraktionen, die die französische Kulturgeschichte auf das prächtigste illustrieren oder die Wirtschaft im Großraum kräftig ankurbeln. In der nördlichen Vorstadt, in der Basilika von Saint-Denis, schlug vor knapp 900 Jahren die Geburtsstunde der Gotik. Die Hochhausstadt La Défense ist Sitz der größten französischen Unternehmen mit sehenswerter, wie in Manhattan himmelwärts strebender Architektur. Disneyland Paris zieht jährlich rund 15 Mio. Besucher an und bietet 20 000 Arbeitsplätze. Und was wäre eine Parisreise, ohne einen Ausflug zu Europas prächtigster Schlossanlage, nach Versailles, um zu erforschen, warum Ludwig XIV. Paris wohl endgültig den Rücken kehrte?

In diesem Kapitel:

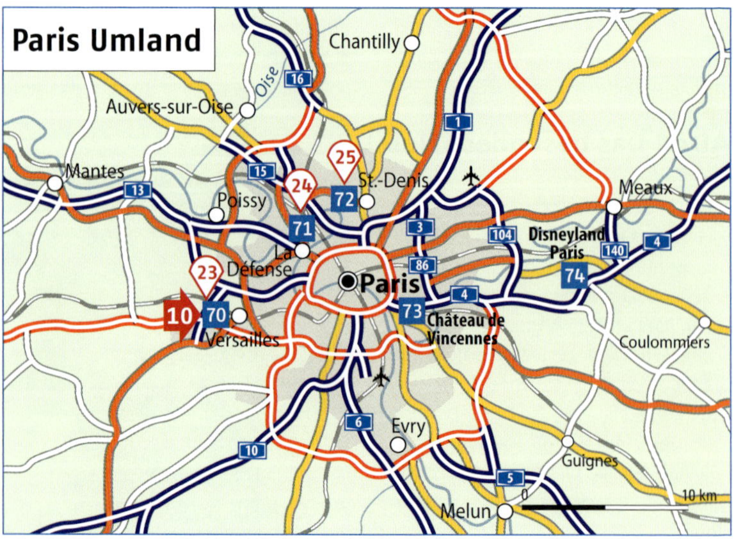

ADAC Top Tipps:

10 Château de Versailles

| Schloss |

Bescheidenheit war keine Tugend des Sonnenkönigs Ludwig XIV. – sein Schloss in Versailles ist eine der größten Palastanlagen in Europa und wird heute von der UNESCO (mit dem dazugehörigen Park) als schützenswertes Erbe der Welt gelistet. 115

ADAC Empfehlungen:

23 Petit Trianon

| Schloss |

Rückzugsort vom Trubel des Versailler Hoflebens – in dem kleinen Trianon-Schloss herrscht eine fast schon intime Atmosphäre. 116

24 La Grande Arche

| Bauwerk |

Er sprengt jedes Maß, der riesige Würfel aus weißem Carrara-Marmor, in dem die Kathedrale von Notre-Dame Platz fände. 117

25 Basilique de Saint-Denis

| Kathedrale |

Wie ein Paravent aus bemaltem Glas wirkt der 1140 begonnene Chor dieser Kathedrale, die zu den Gründungsbauten der Gotik gehört. 118

70 Versailles

Eine mittelgroße Stadt für den Sonnenkönig

Der berühmte Spiegelsaal im Schloss von Versailles ist mehr als 300 Jahre alt

Information

- RER C: Versailles–Rive Gauche (ab Paris z. B. Saint-Michel–Notre-Dame oder Champs de Mars–Tour Eiffel)
- Mit dem Auto: A13 – Ausfahrt N°5 Versailles centre, ab Paris/Périphérique Porte d'Auteuil über A13 (15 km), www.versailles.fr

Gerade mal 20 km von der Pariser Innenstadt entfernt, ist Versailles eng mit der königlichen Leidenschaft für die Jagd verknüpft. Ludwig XIII. ließ sich zu Beginn des 17. Jh. ganz in der Nähe des damals völlig unbedeutenden Dorfes ein Jagdschloss errichten. Die ausschweifenden Pläne seines Sohnes Ludwig XIV., diesen Bau um ein Vielfaches zu vergrößern und ihn ab 1682 zu seinem Regierungssitz zu machen, zog Tausende von Handwerkern und Arbeiter an, die sich um die entstehende Schlossanlage ansiedelten. Versailles begann als Stadt zu wachsen. Fast alle Straßenachsen sind wie selbstverständlich auf das Schloss ausgerichtet, und Ludwig XIV. förderte die Anlage von Plätzen, Märkten und Unterkünften für die am Hof Beschäftigen.

Plan S. 116

Sehenswert

a Château de Versailles

| Schloss |

10 *Macht und Pracht in (auch garten-) architektonischer Harmonie*

Eine Nummer kleiner hätte es auch getan, aber Ludwig XIV. entschied sich 1668 für die Superlative einer Dreiflügelanlage, die das bestehende Jagdschloss seines Vater behutsam integrierte. Wo einst Ludwig XIII. von seiner Terrasse auf die Gärten hinabschaute, liegt heute der prachtvolle Spiegelsaal. Zum Inbegriff französischer Schlossbaukunst gehören auch die mit bronzenen und marmornen Kunstwerken angereicherten Gärten, die unter der Aufsicht von André Le Nôtre, Ludwigs XIV. oberster Gartenbauarchitekt, in das »Gesamtkunstwerk« einbezogen wurden. In Versailles richten sich alle Gartenachsen auf das Schlafzimmer des Herrschers im Schloss aus, der sich als »roi soleil« morgens wie die Sonne erhob und abends wie die Sonne niederlegte – ein bizarres Hofzeremoniell, dem beizuwohnen als größte Ehre galt. Heutige Schlossbesucher müssen sich damit begnügen, bei ihrem Rundgang die Großen Appartements, den glanzvollen Spiegelsaal, die Kapelle und die Schlachtengalerie zu sehen. Weitere Prachträume sowie privatere Gemächer stehen nur im Rahmen einer speziellen Führung offen. Aber mindestens so spannend ist auch der Spaziergang durch die weitläufigen Gartenanlagen mit ihren versteckten »Bosketten« – kleinen Wäldchen, in deren Zentrum Wasserspiele und Skulpturengruppen zu entdecken sind. Mit einem Mietboot den großen Kanal entlangzuschippern, eröffnet dann noch einmal ganz andere interessante Perspektiven.

■ Place d'Armes, 78000 Versailles, www.chateauversailles.fr, April–Okt. Di–So 9–18.30, sonst 9–17.30, Gärten (»Jardins«) April–Okt. 8–20.30, sonst 8–18, Park April–Okt. 7–20.30, sonst 8–18 Uhr, Schloss (bei Kauf im Internet, der das Schlangestehen vor Ort erspart) 19,50 €, 21,50 € (Kombiticket Schloss und Trianonschlösser), bis 26 J. frei, »Grandes Eaux musicales« (Wasserspiele mit Musik) April–Okt. Sa, So und Di (Mai, Juni) 10,50 €, Kinder bis 7 J. frei

b Grand Trianon
| Schloss |

Selbst der Sonnenkönig muss mal ausspannen. Dafür ließ er in der Weite seiner Parks ein kleines Dorf enteignen, um an seiner Stelle ein neues Schloss erbauen zu lassen, das in seinen Dimensionen wesentlich kleiner ausfiel als die offizielle Residenz. Dieser eingeschossige Bau, der einige Jahrzehnte später zum Vorbild für das Sommerschloss Friedrichs II. Sanssouci wurde, war mit wertvollen Marmorplatten verkleidet und daher mit »Trianon de Marbre« betitelt. Die edle Verkleidung ist mittlerweile verschwunden, doch der Reiz des großen Trianonschlosses, das Ludwig häufig an Bord einer Barke, mit der er sich über den großen Kanal fahren ließ, erreichte, zieht auch heute noch jeden in den Bann. Kein Wunder, dass Charles de Gaulles ein dem Trianonschloss benachbartes Gebäude für sich und künftige Präsidenten sowie für ausländische Staatsgäste reservieren ließ.

■ April–Okt. Di–So 12–18.30, sonst Di–So 12–17.30 Uhr, 12 € (Grand und Petit Trianon, Hameau de la Reine), bis 26 J. Eintritt frei

c Petit Trianon
| Schloss |

23 *Dieser Bau wird als »Lustschloss« bezeichnet – aus gutem Grund*

Beim Petit Trianon ging es nicht ums Repräsentieren (dafür war zu wenig Raum), sondern ums Entspannen vom Zeremoniell am Hofe von Versailles – und zweifellos um Intimität. Letztere hatte Ludwig XV. seiner Mätresse Madame de Pompadour mit diesem Schlösschen geschenkt. Später sollte sich hier auch Marie-Antoinette als schüchterne Braut, die in den mächtigsten Königshof Europas einheiraten musste, sehr wohlfühlen. Dafür rich-

tete sie das Rokokoschlösschen mit erlesenen Möbelstücken und Gemälden ein, die nach der Plünderung durch die Revolutionäre teils wieder zurückkehrten. Im Erdgeschoss kann der Besucher auch durch die Küche und die Kammer für das Tafelsilber schlendern. ■ April–Okt. Di–So 12–18.30, sonst Di–So 12–17.30 Uhr, 12 € (Grand und Petit Trianon, Hameau de la Reine), bis 26 J. Eintritt frei

d Hameau de la Reine

| Dorfkulisse |

Vom Petit Trianon führt ein Weg durch den Englischen Garten, den Marie-Antoinette anlegen ließ. Sie wünschte sich einen »Belvedere« genannten Musiksalon am Ufer eines Sees und natürlich einen romantisch auf einer Insel gelegenen »Liebestempel«. Doch ihre Fantasie reichte noch weiter. Ein künstlicher Weiler (frz. »hameau«) mit normannisch anmutenden Bauernhäusern, Mühle, Fischerei und Molkerei schuf eine ländliche Idylle, die kurz vor der Französischen Revolution auch an anderen europäischen Herrscherhäusern in Mode war. Die junge Königin ließ ihre Dorfkulisse sogar von einer echten Bauernfamilie bewirtschaften, um die Illusion perfekt zu machen. ■ April–Okt. Di–So 12–18.30, sonst Di–So 12–17.30 Uhr, 12 € (Grand und Petit Trianon, Hameau de la Reine), bis 26 J. Eintritt frei

Restaurants

€€ | **La Tour** Auch dieses Restaurant mit vornehmlich Fleischgerichten auf der Karte liegt unweit des Schlosses. ■ 1, rue Carnot, Tel. 01 39 50 58 46, tgl. 12–14.30 und 19–22.30 Uhr, außer So abends, Plan S. 116 c2

€€ | **Le Limousin** Wenige Gehminuten vom Schloss entfernt gibt es hier typisch französische Regionalküche mit viel Lamm. Das Mittagsmenü (2 Gänge) unter der Woche ist (für Versailler Verhältnisse) mit 24 € sogar günstig. ■ 1, rue de Satory, Tel. 01 39 50 21 50, www.lelimousin-restaurant.fr, tgl. 12–14.30 und 19–22.30 Uhr, Plan S. 116 c3

€€ | **Ore – Ducasse au Château de Versailles** Im Restaurant des Starkochs Alain Ducasse werden in modernem Ambiente raffinierte Gerichte zu erschwinglichen Preisen serviert. ■ Place d'Armes, Pavillon Dufour (1. Stock), Tel. 01 30 84 12 96, www.ducasse-chateauversailles.com, Di–So 9–17.30 Uhr, Plan S. 116 b3

71 La Défense

Im »Pariser Manhattan« ragen Wolkenkratzer und ein großer Bogen in die Höhe

■ Métro 1: La Défense, Esplanade de la Défense, www.paris-ladefense.com

Tagtäglich pendeln 160 000 Angestellte in das Hochhausviertel, das 3,5 Mio. m² Büroflächen bietet. Die markante Skyline dieser westlichen Vorstadt mit gerade mal 30 000 Einwohnern ist selbst vom Louvre aus zu sehen, denn sie liegt am Endpunkt einer schnurgeraden Blickachse mit Champs-Élysées und Arc de Triomphe. Der Name des Viertels bezieht sich auf die Verteidigung (frz. »défense«) von Paris gegen Preußen im Jahr 1870.

Sehenswert

La Grande Arche

| Bauwerk |

24 *Moderner Endpunkt der alten Pariser Königsachse*

Den markantesten Architekturakzent setzt seit dem Jahr 1989, vom damali-

Schnurgerade Blickachse: La Defense im Westen von Paris mit der Grande Arche

gen Staatspräsidenten François Mitterrand zur 200-Jahr-Feier der Französischen Revolution in Auftrag gegeben, der leicht aus der Achse verschobene riesige weiße Würfel, dem zwei seiner sechs Seiten fehlen, sodass man durch ihn hindurchsehen kann. Wer in diesem »Schaufenster« steht, dem pfeift zwar der Wind um die Ohren, aber der Blick in Richtung Arc de Triomphe, also Richtung Paris, ist phänomenal. Mitterrand hatte dieses Wahrzeichen von La Défense als modernen Endpunkt der alten, vom Louvre ausgehenden Pariser Königsachse errichten lassen.

■ www.grandearche.com, Dachbereich mit Aussichtsplattform (Toit de la Grande Arche) tgl. 10–19 Uhr, 15 €, erm. 12 €

CNIT

| Kongresszentrum |

Als eine der ersten spektakulären Architekturen des Viertels ist das zwischen 1956 und 1958 erbaute Kongresszentrum CNIT auch eine große Ingenieurleistung. Wie ein aufgeblähtes weißes Segel ist seine riesige Dachkonstruktion aus Stahlbeton gespannt und berührt lediglich an drei Stellen den Boden. Im Innern breitet sich eine weite Halle aus, die ohne Stützen konzipiert wurde.

■ 2, parvis de La Défense

72 Basilique de Saint-Denis

25 *Hier baute man vor fast 900 Jahren erstmals gotisch*

■ Métro 13: Basilique de Saint-Denis, 1, rue de la Légion d'Honneur, 93200 Saint-Denis, www.saint-denis-basilique.fr, April–Sept. Mo–Sa 10–18.15, So 12–18.15, sonst bis 17.15 Uhr, Zugang zu Chor und Königsgrabmälern 9,50 €, bis 26 J. Eintritt frei

In den nördlichen Pariser Vorort Saint-Denis zöge es keinen Touristen, stände dort nicht eine grandiose Basilika, die ursprünglich als Abteikirche über dem Grab des französischen Nationalheiligen, dem ersten Bischof von Paris, der hier um 250 als Märtyrer starb, errichtet wurde. Genau hier neben dem hl. Dionysius (frz. Saint-Denis) wollten auch die meisten französischen Könige nach ihrem Tod begraben werden. Die prächtigsten Gräber, entstanden von der Gotik über die Renaissance bis ins 19. Jh., sind zu bestaunen. Doch nicht nur sie. Im Chor hatte um das Jahr 1144 Abt Suger erstmals die Außenwände von seinem Architekten großzügig öffnen und mit bemalten Fenstern ausstatten lassen, sodass das »göttliche Licht« in bisher unbekannter Fülle eindringen konnte: die Geburtsstunde der Gotik (siehe »Im Blickpunkt« rechte Seite). Mystisch wird es dann in der Krypta unter dem Chor. Dafür sorgen die ausgegrabenen Überreste eines gallorömischen Friedhofs. Mit viel Fantasie kann man sich ausmalen, wie hier einst irgendwo der Märtyrer Dionysius zusammenbrach, der nach seiner Enthauptung in Paris 6 km in nördlicher Richtung bis hierher gelaufen sein soll – den abgeschlagenen Kopf in seinen Händen tragend!

73 Château de Vincennes

Vincennes ist nicht so elegant wie Versailles – aber eine imposante Trutzburg

Métro 1: Château de Vincennes,
1, avenue de Paris, 94300 Vincennes,
www.chateau-de-vincennes.fr,
21. Mai–22. Sept. 10–18, sonst bis 17 Uhr,
9,50 €, erm. 7,50 €, bis 26 J. Eintritt frei

Im Blickpunkt

Geburtsstunde der Gotik

Für den italienischen Architekten Giorgio Vasari war die Gotik »etwas Monströses und Barbarisches, dem jegliche Harmonie« abgehe. »Die Goten waren es auch«, so Vasari, »die die spitzbogigen Wölbungen eingeführt und ganz Italien mit ihren verfluchten Machwerken erfüllt haben.« Tatsächlich tauchten diese gotischen Bauformen erstmals Mitte des 12. Jh. vor den Toren von Paris auf. Bisher unbekannte Lichtfülle durchströmte den Chor der Abteikirche von St-Denis (Abb. unten), da große Buntglasfenster die Wandflächen durchbrachen. Ein neuartiges Spitzbogengewölbe machte es möglich. Unbestrittener Höhepunkt der neuen Bauform ist die Sainte-Chapelle in Paris, die Ludwig IX. wie einen Paravent aus Glas gestalten ließ. Und nie zuvor hatte man gewagt, Maßwerkrosetten in so gewaltigen Dimensionen zu schaffen wie im Querhaus von Notre-Dame in Paris.

Leicht lässt sich vorstellen, wie eingeschüchtert Staatsgefangene wie der Marquis de Sade oder Nicolas Fouquet gewesen sein müssen, als sie vor der gewaltigen Burganlage standen, in deren Kerker sie schmachten sollten. Der 50 m hohe einstige Wohnturm (frz. »donjon«) der französischen Könige des Mittelalters eignete sich hervorragend als Gefängnis (15.–18. Jh.), da seine Mauern extrem dick waren und er von einem tiefen Wassergraben umschlossen wurde. Umgeben war das wehrhafte Schloss von Wäldern, die den Königen als Jagdrevier dienten. Heute fasziniert die Besucher auch noch ein anderer Bau in der gewaltigen Anlage, der aber alles andere als wehrhaft wirkt: Die hohe Schlosskapelle lässt durch ihre riesigen Fenster viel Licht herein und erinnert an ihre noch etwas wertvollere »Schwester«, die Sainte-Chapelle auf der Île de la Cité.

74 Disneyland Paris

Mickey & Co. in Europas größtem Ferienpark mit Spaßgarantie

- RER A: Marne-la-Vallée–Chessy (ab Paris z. B. Charles de Gaulle–Étoile, Châtelet oder Gare de Lyon).
- Mit dem Auto: A4-Ausfahrt N°14 Parcs Disney, ab Paris/ Périphérique Porte de Bercy über A4 (40 km), www.disneylandparis.fr, Parc Disneyland 10–22, Parc Walt Disney Studios 10–21 Uhr, 56 € (1 Park), 59–130 € (2 Parks), Kinder 3–11 J. 57–97 €, 57–100 € (Konditionen unter www.booktickets.disneylandparis.com)

Außerhalb von Paris kann man nicht nur in Versailles in das schillernde Reich des Sonnenkönigs eintauchen, sondern auch in ein »magic kingdom«, von dem die Walt Disney Company neben Kalifornien, Florida, Japan und Hongkong auch eines östlich von Paris betreibt. Europas größter Freizeitpark mit Spaßgarantie bietet seit 1992 nicht nur fliegende Elefanten, rasende Untertassen, Achterbahnen durch künstliche Goldminen und karibische Piratenverstecke, Raketenflüge bis (fast) zum Mond und (pseudo-)galaktische Raumschiffschlachten, sondern auch Luxus- und Themenhotels, Kinos, Clubs, Shopping Malls, Golfplätze, Restaurants und Fast-Food-Tempel. Fantasy-, Adventure-, Frontier- und Discovery-Land bieten verträumten Trickfilmfans, wagemutigen Abenteurern, Wildwesthelden und Möchtegernastronauten die passenden Attraktionen an, die oft recht viel Geduld erfordern, bis man in der Warteschlange an die Reihe kommt. Im zweiten, jüngeren der beiden Themenparks geht es um die Welt des Films. Hier zieht die neueste Attraktion Besucher in Scharen an, der Avengers Campus für Marvel-Fans. Verblüffende Special Effects werden erfahrbar, und am Ende einer Studios-Tram-Tour sollte auch noch eine Aufzugfahrt im Hollywood Tower Hotel eingeplant werden, die beinahe hochdramatisch endet …

Kaum harmloser zu geht es, wenn man mit Rémy, der heldenhaften, mit einem ungewöhnlich feinen Geruchssinn und exquisitem kulinarischen Gespür ausgestatteten Ratte aus dem weltweiten Kinokassenschlager »Ratatouille« durch die Pariser Unterwelt rast und am Ende im Bistrot Chez Rémy landet. Spätestens dann allerdings wird man vermutlich doch ein bisschen wehmütig an die echten Bistros in der Pariser Innenstadt denken, die ja zum Glück nur 45 S-Bahn-Minuten entfernt liegen.

NATURNAHER
CAMPINGSPASS AM
WASSER
Yes we camp!
ALPEN-CAMPING
AN SEEN
UND FLÜSSEN
DIE SCHÖNSTEN PLÄTZE UND TOUREN
GPX-TRAUMROUTEN
PiN CAMP
powered by ADAC
© istockphoto.com / pumucl

ADAC Service Paris

Beim **ADAC Infoservice**, in den **ADAC Geschäftsstellen** sowie auf dem **Internetportal des ADAC** (adac.de) erhalten Sie Informationen zu den Dienstleistungen des Automobilclubs und zu Ihrem Reiseziel. So können Sie sich von der **ADAC Trips App** (adac.de/services/apps/trips) via Smartphone oder Tablet-PC inspirieren lassen oder als **ADAC Mitglied** das kostenlose **ADAC Tourset® Paris** (adac.de/reise-freizeit/reiseplanung/tourset) mit vielen Reiseinfos und Karten anfordern. Bei Pannen und Notfällen steht Ihnen unser Team rund um die Uhr telefonisch und digital (adac.de/hilfe und ADAC Pannenhilfe App) zur Verfügung.

ADAC Info-Service

T 0800 510 11 12
Infos zu allen ADAC Leistungen
(Mo–Sa 8–20 Uhr, gebührenfrei)

ADAC Pannenhilfe Deutschland

T 089 20 20 40 00, Mobil 22 22 22
(Verbindungskosten je nach Netzbetreiber/Provider)

ADAC Ambulanzdienst

T +49 89 76 76 76
(Erkrankung, Unfall, Verletzung, Transportfragen, Todesfall)

ADAC Pannenhilfe Ausland

T +49 89 22 22 22
(Verbindungskosten je nach Netzbetreiber/Provider)

Online-Angebote des ADAC für Ihre Reiseplanung

Service	Webadresse
Reiseinspirationen, -planung und -hinweise	adac.de/reise-freizeit/reiseplanung
Aktuelle Verkehrslage	adac.de/verkehr
Individuelle Routenplanung	adac.de/maps
Infos zu Tankstellen und Spritpreisen	adac.de/tanken
Infos zu mautpflichtigen Strecken	adac.de/reise-freizeit/maut-vignette
Infos zu Fährverbindungen	adac.de/faehren
Aktuelle Infos vor Reiseantritt	adac.de/tourmail
Informationen für Camper	adac.de/camping
Informationen für Motorrad- und Oldtimerfahrer	adac.de/reise-freizeit/reisen-motorrad-oldtimer
Informationen für Segler und Skipper	skipper.adac.de
ADAC Reiseangebote	adacreisen.de
ADAC Autovermietung	adac.de/autovermietung
ADAC Versicherungen für den Urlaub	adac.de/versicherungen
Weltweite Preisvorteile für ADAC Mitglieder	adac.de/vorteile-international
Telemedizinische Beratung	adac.de/meinmedical

Diese **Produkte des ADAC** könnten Sie interessieren: **ADAC Reiseführer Bretagne, ADAC Reiseführer Französische Atlantikküste** und **ADAC Reiseführer London** – erhältlich im Buchhandel, bei den ADAC Geschäftsstellen und in unserem ADAC Online-Shop (adac.de/shop).

Anreise und Einreise

Auto

Das gut ausgebaute französische Autobahnnetz führt sternförmig nach Paris (www.autoroutes.fr). Über die **A1** erreicht Paris, wer von West- und Norddeutschland über Belgien fährt. Die **A4** führt von Osten auf Paris zu und wird überwiegend bei der Anreise von Süddeutschland bzw. Österreich benutzt. Reisende aus der Schweiz werden die **A5** bzw. **A6** wählen, die von Südosten auf Paris zuführt. Die Benutzung der Autobahnen in Frankreich ist **mautpflichtig,** bis auf einige Ausnahmen in Elsass und Lothringen, der Auvergne und Bretagne, sowie die Stadtautobahnen. Für die Strecke von Saarbrücken nach Paris werden beispielsweise ca. 30 € Maut berechnet. Bezahlt wird an den Mautstellen (frz. »péages«) mit den gängigen Kreditkarten oder in bar, EC/Maestro-Karten werden nicht akzeptiert. Ein elektronisches Online-Abo-System, das mit einem »Badge«, einer Erkennungsmarke, funktioniert, bietet »Bip und Go« an und kann online bestellt werden (www.bipandgo.com/de).

Bahn und Bus

Von Deutschland und Österreich aus werden die Kopfbahnhöfe **Gare du Nord** und **Gare de l'Est** angefahren. Mit dem **TGV** (»train à grande vitesse«, Hochgeschwindigkeitszug), **Thalys** oder **ICE** erreicht man Paris von München, Stuttgart, Köln und Frankfurt aus bzw. von Österreich kommend. Der **TGV Lyria** aus der Schweiz kommt an der **Gare de Lyon** an (www.oui.sncf, App: OUI.sncf oder www.bahn.de, App: DB Navigator, www.oebb.at, App: ÖBB, www.sbb.ch/de, App: SBB Mobile).

Busverbindungen mit **Eurolines** nach Paris gibt es von mehr als 20 deutschen Städten aus, darunter Berlin, Frankfurt, Köln, Hannover und München (www.eurolines.fr/bus). Weitere Fernbus-Anbieter wie Flixbus (www.flixbus.de) über www.busliniensuche.de.

Flugzeug

Lufthansa, Austrian und Swiss fliegen zum Pariser **Flughafen Charles-de-Gaulle** (CDG) 1, die Air France von Deutschland, Österreich und der Schweiz nach CDG 2. EasyJet und Transavia fliegen nach **Paris-Orly** (ORY), Eurowings nach CDG. Von den beiden Pariser Flughäfen (www.parisaeroport.fr) gelangt man mit Bussen, der Schnellbahn RER oder dem Taxi in die Innenstadt.

CDG nach Paris: Roissybus 6–0.30 Uhr alle 15–20 Min. zur Opéra (13,70 €), RER B 5–24 Uhr alle 10–15 Min. (11,40 €). Die Taxifahrt kostet zwischen 53 und 58 €.

Orly (ORY) nach Paris: Orlybus 6–0.30 Uhr alle 10–15 Min. zur Place Denfert-Rochereau (9,50 €), Orlyval 6–23.30 Uhr alle 6 Min. zum RER-Bhf. Antony, dann RER B 5–24 Uhr alle 10–15 Min. (12,10 €). Die **Taxifahrt** kostet zwischen 32 und 37 €.

Einreise und Dokumente

EU-Bürger reisen mit Personalausweis oder Reisepass, Schweizer mit Reisepass oder Identitätskarte nach Frankreich ein. Für Kinder bis zum vollendeten 12. Lebensjahr genügt ein Kinderreisepass. Wir empfehlen, vor Reiseantritt eine Fotokopie Ihrer Reisedokumente zu machen und diese getrennt von den Originaldokumenten aufzubewahren, um bei Verlust entsprechend abgesichert zu sein.

Auto und Straßenverkehr

Führerschein und Papiere

Autofahrer brauchen ihren nationalen **Führerschein.** Wer mit dem eigenen Pkw unterwegs ist, muss auch den **Kfz-Schein** mitführen. Mitnahme der **Internationalen Grünen Versicherungskarte** wird empfohlen, da sie ein Versicherungsnachweis ist und bei einem Unfall die Abwicklung erleichtert.

Verkehrsvorschriften

Die **Promillegrenze** liegt in Frankreich bei 0,5. In Paris gilt die Verkehrsregel **»rechts vor links«**, wenn nicht anders ausgeschildert. Diese Regel gilt auch im **Kreisverkehr,** also hat der einmündende (!) Verkehr Vorfahrt. Auch die **Straßenbahn** (»tram«) hat stets Vorfahrt.

Tempolimits

(Ausnahmen siehe Verkehrsvorschriften)

Straße	Tempolimit
Autobahn	max. 130/110 km/h
Stadtautobahn	max. 70 km/h
Schnellstraße	max. 110 km/h
Landstraße	max. 80 km/h
Ortschaft	max. 50 km/h

Umweltzone Paris

Alle Kraftfahrzeuge mit **Erstzulassung vor dem Jahr 1997** dürfen nicht mehr nach Paris (Fahrverbot Mo–Fr 8–20 Uhr).

Crit'Air Vignette

Autofahrer benötigen in Paris eine **Umwelt-Plakette.** Die Umweltzone umfasst den Stadtbereich innerhalb des Stadtautobahnrings, des Boulevard périphérique. Der Stadtautobahnring selbst fällt nicht in den Regelungsbereich. Wer keine Vignette hat, riskiert eine **Geldbuße** von 68 €. Die Plakette erhält man für 3,70 € unter www.certificat-air.gouv.fr/de. Für die Erteilung einer Crit'Air Vignette sind Fahrzeugpapiere und evtl. Nachrüstnachweise notwendig.

Parken

Wer zwischen 9 und 20 Uhr in Pariser Straßen parkt, muss dafür bezahlen, die weiße Markierung »payant« weist darauf hin. Limitiert ist das Parken meist auf 2 Std. und kostet zwischen 3 und 5 €/Std. Freies Parken gilt nur an Sonn- und Feiertagen. Für die Ticketsäulen braucht man eine **Paris Carte** (für 15 oder 40 € in Tabakläden erhältlich). Mit der **App P Mobile** kann die Parkgebühr direkt per Smartphone bezahlt werden. Empfehlenswert ist die Benutzung von **Parkhäusern.** Mithilfe der App **Parclick** auf dem Smartphone wird das Parken auch in Paris erleichtert, da damit Parkhäuser gefunden und auch direkt vorgebucht werden können. Sie finden diese auch in den Unterwegs-Kapiteln dieses Reiseführers.

Parkhaus-Suche: auch unter www.parisfranceparking.fr.

Unfall

Nach einem Unfall sollten Sie sofort anhalten, die **Unfallstelle** absichern und Erste Hilfe leisten. Bei **Personenschaden** sollten Sie unbedingt die Polizei verständigen (Euro-Notruf: 112). Die **ADAC Pannenhilfe Ausland** erreichen Sie bei Fahrzeugpannen und -unfällen unter Tel. +49/89/22 22 22, den Ambulanzdienst unter Tel. +49/89/76 76 76.

Blick vom Arc de Triomphe auf die großzügig angelegten Avenues der Stadt

Barrierefreies Reisen

Infos hierzu unter de.parisinfo.com. Auf dieser Website lässt sich auch die 28-seitige Info-Broschüre »Paris accessible« downloaden.

Diplomatische Vertretungen

Die **Auslandvertretungen** können bei **Passverlust** einen Reiseausweis zur Rückkehr ins Heimatland ausstellen. Bei Geldverlust vermitteln sie Kontaktmöglichkeiten mit Verwandten oder Freunden zu Hause. Bei Bedarf können sie bei der Vor-Ort-Suche nach einem **Anwalt, Arzt oder Dolmetscher** und bei anderen Formalitäten behilflich sein.

Deutschland

■ 24, rue Marbeau, Métro 1: Porte Maillot, Métro 2: Porte Dauphine, Tel. 01 53 83 45 00, www.allemagneenfrance.diplo.de

Österreich

■ 6, rue Fabert, Métro 8, 13: Invalides, Tel. 01 40 63 30 63, www.amb-autriche.fr

Schweiz

■ 142, rue de Grenelle, Métro 13: Varenne, Tel. 01 49 55 67 00, www.eda.admin.ch/paris

Einkaufen und Märkte

Mit zu den schönsten Lebensmittelmärkten in Paris gehört der **Marché d'Aligre** mit seiner alten Markthalle (Rue d'Aligre und Place d'Aligre, Métro 8: Ledru-Rollin, marchedaligre.free.fr, Di– So 7.30–13.30 Uhr).

Ebenfalls zu den sehenswerten Markthallen zählt der **Marché couvert des Enfants rouges** (39, rue de Bretagne, Métro 3: Temple, Métro 8: Filles du Calvaire, Di–Sa 8.30–19.30, So 8.30–14 Uhr).

Schicker geht es zu in den Markthallen des **Marché couvert Saint-Germain** (4/8, rue Lobineau, Métro 10: Mabillon, Di–Sa 8–20, So 8–13.30 Uhr) oder des **Marché de Passy** (Place de Passy, Ecke Rue Duban, Métro 6: Passy, Di–So 8–13, Di–Sa 16–19 Uhr). Eine Kombination aus Marktplatz und Einkaufsstraße

Festivals und Events

März

Banlieues Bleues (www.banlieues bleues.org) In den Vorstädten (»banlieues«) von Seine-Saint-Denis ertönt Jazz, Soul, Funk und Blues.

April/Mai

Marathon de Paris (www.schneider electricparismarathon.com) Stadtmarathon, der an einem Sonntag auf den Champs-Élysées startet und Tausende Läufer aus aller Welt anzieht.

Foire du Trône (www.foiredutrone.com) Größter Jahrmarkt im April und Mai im Bois de Vincennes (ab 12 Uhr).

Mai

Europäische Nacht der Museen (nuitdesmusees.culture.gouv.fr) Nachts ein Museum anders entdecken mit speziellen Führungen, bei Lesungen, mit Theaterstücken oder Konzerten.

Juni

Fête de la Musique (fetedela musique.culture.gouv.fr) Seit 1982 wird jedes Jahr am 21. Juni in den Straßen, auf den Plätzen, in Konzerthäusern, Cafés und Restaurants Musik gespielt.

Paris Plage: Strandleben an der Seine

Juli/August

Nationalfeiertag (14. Juli) Der Beginn der Französischen Revolution (1789) wird alljährlich gefeiert mit einer prächtigen Parade auf den Champs-Élysées, aber auch mit stimmungsvollen Bällen, die traditionell in den Feuerwehrkasernen stattfinden.

Paris Plage Ende Juli bis Mitte August verwandeln sich die Seine-Ufer in einen attraktiven Sandstrand (»plage«) mit Palmen und zahlreichen Sonnenanbetern.

September

Journées européennes du patrimoine (www.journeesdupatrimoine.culture.fr) Tag der offenen Tür in den historischen Baudenkmälern in Paris, darunter auch häufig der Élysée-Palast. Die kostenlose Entdeckungstour ist heiß begehrt und stets entsprechend gut besucht.

Oktober

Nuit blanche (www.paris.fr) In dieser ersten Samstagnacht im Oktober wird nicht geschlafen. Künstler haben dann freie Hand, in einigen Pariser Monumenten Installationen aufzubauen.

FIAC (www.fiacparis.com) Das ist die wichtigste französische Messe für zeitgenössische Kunst im Grand Palais und dem Carrousel du Louvre.

November

Paris Photo (www.parisphoto.fr) Internationale Messe für Fotografie im Carrousel du Louvre.

Marché des Enfants Rouges im Marais: Paris ist ein Fest für alle Sinne

bietet der **Marché Monge** (Place Monge, Métro 7: Place Monge, Mi, Fr 7–14.30, So 7–15 Uhr), der sich dann quasi fortsetzt in der belebten Rue Mouffetard (Métro 7: Censier–Daubenton, Di–So). Einer der weltgrößten Trödel-, aber vor allem auch Antiquitätenmärkte hat sich über mehrere Straßenzüge an der Stadtgrenze ausgebreitet, der **Marché aux Puces de Saint-Ouen** (Porte de Clignancourt, www.marcheauxpuces-saintouen.com, Métro 4: Porte de Clignancourt, Sa 9–18, So 10–18, Mo 11–17 Uhr). Auch der **Marché aux Puces de la Porte de Vanves** gehört zu den viel besuchten Trödelmärkten von Paris (Avenue Georges Lafenestre, Métro 13: Porte de Vanves, Sa, So 7–13 Uhr).

Feiertage

1. Januar (Neujahr), Ostermontag, 1. Mai (Tag der Arbeit), 8. Mai (Tag des Sieges 1945), Christi Himmelfahrt, Pfingstsonntag, 14. Juli (Nationalfeiertag in Erinnerung an den Sturm auf die Bastille 1789), 15. Aug. (Mariä Himmelfahrt), 1. November (Allerheiligen), 11. November (Tag des Waffenstillstands 1918), 25. Dezember (Weihnachten).

Fundbüro

Bureau des objets trouvés

■ Métro 12: Convention, 36, rue des Morillons, Tel. 08 21 00 25 25, Mo–Do 8.30–17, Fr bis 16.30 Uhr

Geld und Währung

Frankreich gehört zur Euro-Zone. Das Bezahlen mit **Kreditkarten** ist hier weit verbreitet. An allen **Geldautomaten** (»guichet automatique«) mit Maestro-Zeichen kann man mit der Bankkarte und Pin-Code Geld abheben. **Banken** haben Mo–Fr 9–13 und 14.30–17 Uhr geöffnet, größere Filialen durchgehend. Bei einem **Kartenverlust** können alle gängigen Bank- und Kreditkarten unter Tel. +49 116 116 oder +49 30 40 50 40 50 gesperrt werden. Dafür benötigt man Konto-Nr. und Bankleitzahl.

Kosten im Urlaub
(durchschnittliches Preisniveau)

Tasse Kaffee	3 €
Softdrink	4 €
Glas Bier (0,4 l)	6 €
Glas Wein (0,2 l)	6 €
Tapas	3,50–8 €
Hauptgericht	20 €
Mietwagen/Tag	65 €
ÖPNV (Einzelfahrt)	2 €

Im Innenteil dieses Reiseführers finden Sie auch einige **ADAC Spar-Tipps** für Ihren Paris-Urlaub.

Gesundheit

Mit der **Europäischen Krankenversichertenkarte (EHIC)** kann man in Paris einen Arzt aufsuchen. Die Kosten sind vorzustrecken und werden in einem komplizierten Verfahren gegen Vorlage der Quittung (»feuille de soins«) teilweise erstattet.

Da die EHIC nur eine Grundversorgung abdeckt, ist es immer ratsam, eine zusätzliche private **Auslandskrankenversicherung** abzuschließen.

In allen großen Krankenhäusern wird Englisch zumindest verstanden.

Leitungswasser kann in Paris ohne Bedenken getrunken werden.

Apotheken (»pharmacie«) mit 24-Std.-Dienst:

- Pharmacie Les Champs, 84, avenue des Champs-Élysées, Métro 1: George V.
- Pharmacie Européenne, 6, place de Clichy, Métro 2, 13: Place Clichy

Haustiere

Pro Person dürfen im grenzüberschreitenden Reiseverkehr innerhalb der EU höchstens fünf Heimtiere (Hunde, Katzen, Frettchen) mitgeführt werden. Für jedes dieser Tiere ist ein von einem niedergelassenen und nach Landesrecht dazu ermächtigten Tierarzt ausgestellter EU-Heimtierausweis mitzuführen – jedes Tier muss mittels Tätowierung oder Mikrochip identifizierbar und die Kennzeichnungs-Nummer im Pass eingetragen sein. Zudem muss der Heimtierausweis den tierärztlichen Nachweis enthalten, dass das Tier über einen gültigen Impfschutz gegen Tollwut verfügt. Im Falle einer Erstimpfung muss diese mindestens 21 Tage vor dem Grenzübertritt erfolgt sein.

Für Hunde sind Leine und Maulkorb mitzuführen.

Information

Allgemeine Infos zu Frankreich (das jährlich 83 Mio. internationale Besucher verzeichnet) und Hotelbuchungen bieten die Büros der **Französischen Zentrale für Tourismus ATOUT FRANCE** (de.france.fr, Postfach 100128, 60001 Frankfurt/Main, info.de@france.fr).

In Österreich (at.france.fr), Tel. 01/503 28 92, Mo–Fr 9–16 Uhr, info.at@france.fr, Schweiz: info.ch@france.fr

Die Büros des Pariser **Office de Tourisme** informieren Besucher nicht nur in allgemeiner Hinsicht, sondern verkaufen auch Museumspässe (Paris Museum Pass) und vermitteln Hotelzimmer (de.parisinfo.com):

- Pyramides, 25, rue des Pyramides, Métro 7, 14 Pyramides, 9–19, Nov.–April 10–19 Uhr
- Gare du Nord, 18, rue de Dunkerque, Métro 4, 5: Gare du Nord, 8–18 Uhr

Die Website des Pariser Rathauses (www.paris.fr) konzentriert sich auf

Kultur und städtische Projekte und bietet noch viele weiterführende Links.

Klima und beste Reisezeit

Klimatabelle Paris

Monat	Luft (°C) min/max	Sonne (h/Tag)	Regentage
Jan.	1/6	2	11
Feb.	1/7	3	10
März	4/12	5	11
April	6/16	6	9
Mai	10/20	8	11
Juni	13/23	8	9
Juli	15/25	8	8
Aug.	14/31	7	7
Sept.	12/21	6	8
Okt.	8/16	4	9
Nov.	5/10	2	9
Dez.	2/7	2	9

Paris ist zu jeder Jahreszeit eine Reise wert. Im Sommer wird es oft richtig heiß mit über 30 °C, im Winter sinkt die Temperatur selten unter 0 °C, Schnee fällt fast nie. Klimatisch am schönsten ist es in den Monaten Mai, Juni, September und Oktober, die besten Reisebedingungen findet man Mitte Juli sowie in den Monaten August, November und Dezember. Bedenken sollte man als Reisender, dass die Stadt während der Modewochen im Januar und Anfang Juli sowie im März und Oktober besonders voll ist – die Hotels verlangen dann Aufschläge von bis zu 50 %. Im August sind besonders viele Touristen in der Stadt, aber nur wenige Pariser, da diese in diesem Monat Urlaub machen. Meiden sollte man als Autofahrer das letzte Augustwochenende: Da kommen die Pariser aus dem Sommerurlaub zurück, und es gibt regelmäßig lange Staus.

Kultur und Tickets

Paris ist sich seines hervorragenden Rufs als Kunst- und Kulturmetropole bewusst. Hochkarätige Ausstellungen, Konzerte aller Musikgenres sowie Opern-, Ballett- und Theateraufführungen ziehen ein treues Publikum an. Wer jedoch preisgünstiges und alternatives Kulturschaffen sucht, wird in Paris weit seltener fündig als etwa in Berlin. Während die Innenstadt mit kulturellen Einrichtungen wie den mehr als 100 Theatern üppig gesegnet ist, finden diese sich am Stadtrand weitaus seltener. Eine erfreuliche Ausnahme bildet die Cité de la Musique mit der neu erbauten Philharmonie im Nordosten.

Pariscope (www.pariscope.fr, App: Pariscope) oder **L'Officiel** (www.offi.fr, App: L'Officiel des spectacles) listen sämtliche (!) kulturellen Veranstaltungen in Paris auf (Kino, Ausstellungen, Konzerte, Theater, Oper etc.). Als Papierversion gibt es den »L'Officiel« auch mittwochs für 1 € an den Kiosken zu kaufen. Eine Auswahl an Kulturtipps finden Sie in diesem Buch auf den Seiten »Am Abend« am Ende der Unterwegs-Kapitel.

Den größten **Ticketvorverkauf** für Konzerte und Ausstellungen gibt es in den Filialen der Ladenkette FNAC:

■ FNAC Forum des Halles, 1–7, rue Pierre Lescot, Métro 4: Châtelet–Les Halles, Mo–Sa 10–20 Uhr

■ FNAC Champs-Élysées, 74, avenue des Champs-Élysées, Métro 1: George V, Mo–Sa 10–23.30, So 12–23.30 Uhr

ADAC Mittendrin

Paris ist vor allem auch eine **Filmstadt** und bietet daher eine Vielzahl von Kinos – vom kleinen Programmkino bis hin zum denkmalgeschützten Filmpalast. Um von diesem interessanten Angebot zu profitieren, muss man nicht unbedingt Französischkenntnisse mitbringen, denn im Gegensatz zu den deutschen Gepflogenheiten wird der überwiegende Teil der Filme in Originalsprache gezeigt (v. o. = version original) und untertitelt.

Am **Kiosque Théâtre** an der Madeleine bekommt man Theaterkarten für den gleichen Tag zum halben Preis:
■ 15, place de la Madeleine, Métro 8, 14: Madeleine, www.kiosqueculture.com, Di–Sa 12.30–14.30, 15–19.30, So bis 15.45 Uhr
Kartenvorverkauf für Veranstaltungen aller Art im Großraum Paris auch online unter www.paris-spectacle.de

Medien

Neben den großen überregionalen Tageszeitungen berichtet vor allem das Boulevardblatt **Le Parisien** fundiert aus der Hauptstadt. Online informiert **www.anousparis.fr** über Paris.

Nachtleben

Ausgehen am Abend ist in Paris meistens eine sehr kostspielige Angelegenheit. Deshalb heizen viele Einheimische ihre Partystimmung bereits zur kostengünstigen **Happy Hour** an, die viele Cafés auf den großen Boulevards oder an der Bastille zwischen 17 und 20 Uhr anbieten. Die meisten Clubs und Diskotheken, die in der Innenstadt und vor allem an den **Champs-Élysées** liegen, haben völlig überzogene Preise. Etwas gemäßigter geht es im **Bastille-Viertel** zu, das nach wie vor zu den beliebtesten Ausgehadressen zählt. Von den Kellergewölben in **Saint-Germain-des-Prés,** in denen während der Nachkriegszeit der beste Jazz von Paris ertönte, haben sich nur wenige erhalten. Dennoch kann man immer noch viele gute Jazzkonzerte besuchen. Tipps zum Ausgehen finden Sie auf den Seiten »Am Abend« am Ende der Unterwegs-Kapitel.

Notfall

Bei einem Verlust oder einem Diebstahl von Ausweispapieren, Kreditkarten und Geld ist dies zunächst bei der örtlichen Polizei (»commissariat de police«) zu melden. Hier werden die entsprechenden Verlust- oder Diebstahlsanzeigen (»déclaration de perte/de vol«) ausgestellt. Danach kann dann die Rechts- und Konsularabteilung der Botschaften benachrichtig werden.
Bei gesundheitlichen Notfällen:
Notruf/Erste Hilfe (SAMU): Tel. 15
Polizei (»police«): Tel. 17
Feuerwehr (»pompiers«): Tel. 18
Arzt (»SOS Médecins«): Tel. 36 24
Euro-Notruf: 112
ADAC Mitglieder können sich in Notfällen auch rund um die Uhr an die Auslands Pannenhilfe des ADAC unter Tel. +49/89/22 22 22 wenden.

Öffnungszeiten

In der Regel öffnen Geschäfte Mo–Sa von 9–19 Uhr, oft einmal wöchentlich auch bis 21 oder 22 Uhr. In von Touristen stark frequentierten Vierteln wie z. B. um die Garnier-Oper herum bleiben die Geschäfte und Kaufhäuser auch sonntags geöffnet. Einige kleine Läden schließen über Mittag. Lebensmittelgeschäfte sind auch So bis 13 Uhr geöffnet, dafür am Mo geschlossen. Im August machen viele Geschäfte Betriebsferien. Einige Museen und Denkmäler sind Mo oder Di, am 1. Jan., am 1. Mai und am 25. Dez. geschlossen.

Post

Postämter öffnen Mo–Fr 8–19 und Sa 8–12 Uhr. Das rund um die Uhr geöffnete riesige **Hauptpostamt** in der Rue du Louvre wurde von Stararchitekt Dominique Perrault um ein Luxushotel, Wohnungen und einen begrünten Innenhof mit Geschäften erst jüngst erweitert. **Briefmarken** (»timbres«) gibt es auch in Tabakläden (rotes »Tabac«-Schild). Für Briefe und Postkarten nach Resteuropa wird eine **Briefmarke** im Wert von 1,60 € benötigt.

Rauchen und Alkohol

Das Rauchen in Restaurants, Bars und anderen öffentlichen Einrichtungen ist verboten. Für alkoholische Getränke, die nach 22 Uhr ausgeschenkt werden, muss ein Aufschlag bezahlt werden.

Sicherheit

Beachten Sie stets aktuell die Reise- und Sicherheitshinweise des Auswärtigen Amts (www.auswaertiges-amt.de). Wertsachen zu Hause lassen und Geld möglichst nicht offen zeigen. Auch die Geldbörse sollte man zugriffssicher aufbewahren. Besonders in Acht nehmen muss man sich vor Diebstählen in der Métro. Der sicherste Parkplatz für das Auto ist die Hotelgarage.

Sport

Fahrrad

Sich sportlich zu betätigen ist in Paris zwar kein Problem, aber das Fahrradfahren in der Stadt ist durchaus gefährlich, da die Radwege auf den großen Verkehrsachsen der Kapitale oftmals am Fahrbahnrand verlaufen. Autofahrer und die Chauffeure der öffentlichen Busse nehmen in der Regel eher wenig Rücksicht auf Fahrradfahrer. Immerhin wurden in kleinen Straßen markierte Fahrradwege in Richtung des Gegenverkehrs angelegt, sodass zumindest hier die Autofahrer die entgegenkommenden Fahrräder besser beachten. Auf einigen großen Boulevards wurden auf dem begrünten Mittelstreifen eigene Radwege angelegt. Nie sollte man aber die Luftverschmutzung unterschätzen, die in der Innenstadt den Lungen zu schaffen macht!

Laufen

Jogger begeben sich am besten in die Parks, allen voran den **Jardin des Tuileries** und den **Jardin du Luxembourg.** Auch am **rechten Seine-Ufer,** unterhalb der viel befahrenen Uferstraßen, ist Joggen beliebt. Allerdings handelt es sich hier um die noch unter Pompidou angelegte ampellose Schnellstraße der Innenstadt – eine Asphaltpiste, die eher Fahrradfahrer, Inlineskater und Fußgänger erfreut.

Bäder und Wassersport

Über die leider recht kompliziert geregelten Öffnungszeiten der (auch dem Schulsport dienenden) Pariser Schwimmbäder informiert eine sehr praktische **App (Paris Piscines)**. Einige dieser Schwimmbäder sind besonders sehenswert wie die **Piscine Josephine Baker,**

ADAC Spartipp

Wer sich die Pariser Innenstadt nicht an Bord eines der Sightseeing-Busse anschauen möchte, der mischt sich einfach unter die Pariser und nimmt die **Buslinie 27,** die einen (fast) kostenlos durch die Pariser Innenstadt fährt. Sie verbindet die Stationen Gare St-Lazare und Porte d'Ivry, verkehrt entlang der Seine-Ufer (je nach Fahrtrichtung links oder rechts) und streift auch die Île Saint-Louis. Attraktiv ist hierbei nicht zuletzt der Preis, denn für ein Bus/Metro-Ticket (im Carnet gekauft knapp 1,50 €) ist man schon mit dabei (Mo–Sa 5.50–20.30 Uhr).

die in der Seine schwimmt und im Sommer ihr Dach öffnet (Quai François Mauriac, Métro 6: Quai de la Gare). Architektonisch bemerkenswert sind auch die **Piscine Pontoise** (17, rue de Pontoise, Métro 10: Maubert–Mutualité) oder die **Piscine Edouard Pailleron** (32, rue Edouard Pailleron, Métro 7bis: Bolivar).

Stadtführungen

Bus

Mit der **L'Open Tour** können drei Touren (ab 9.30 Uhr) im offenen Doppeldeckerbus mit Tonbandkommentaren in vielen Sprachen unternommen werden (13, rue Auber, Métro 3, 7, 9: Opéra, www.paris.opentour.com, ab 38 €, Angebote für zwei aufeinanderfolgende Tage für 46 bzw. 58 €).

Die offenen Doppeldeckerbusse von **BigBus Tours** fahren auf zwei verschiedenen Touren sieben Hauptsehenswürdigkeiten an, u.a. Eiffelturm, Louvre und Musée d' Orsay (Tonbandkommentare in mehreren Sprachen). Die Tickets (ab 35 €, direkt im Bus 39 €) gelten den ganzen Tag, sodass man zwischendurch aussteigen kann. Die komplette Tour dauert ca. 2,5 Std., die Busse verkehren im 10-Min.-Takt vor den wichtigsten Sehenswürdigkeiten (www.bigbustours.com, Abfahrten 9.30–17.30 Uhr).

Fahrrad

Paris à vélo bietet geführte Fahrradtouren durch Paris (3 Std., 35 €, erm. 29 €) an und verleiht Fahrräder auch individuell (22, rue Alphonse Baudin, Métro 5: Richard-Lenoir, Tel. 01 48 87 60 01, www.parisavelo.fr, April–Okt. Mo–Fr 9.30–13 und 14–18, Sa, So 9.30–13 und 14–19 Uhr).

Schiff

Die traditionellen Pariser Ausflugsboote, **Bateaux Parisiens**, starten am Fuß des Eiffelturms für eine einstündige Fahrt (Port de la Bourdonnais, Métro 6: Bir Hakeim, www.bateaux parisiens.com).

Mit mittelgroßen Schiffen befahren die **Vedettes du Pont Neuf** die Seine für eine Stunde (Square du Vert-Galant, Métro 7: Pont Neuf, Tel. 01 46 33 98 38, www.vedettesdupontneuf.com).

Mit flachen Ausflugsschiffen fährt **Canauxrama** vom Port de l'Arsenal über die Kanäle Saint-Martin und Ourcq (www.canauxrama.com, 18 €, ab Port de l'Arsenal 9.45, 14.30, Fr, Sa auch 18 Uhr, Abfahrt gegenüber 50, boulevard de la Bastille, Métro 1, 5, 8: Bastille, ab Bassin de la Villette 9.45, 14.45, Fr, Sa auch 18 Uhr, Abfahrt ab 13, quai de la Loire, Métro 2, 5: Jaurès).

Zu Fuß

Seit nahezu 25 Jahren bieten die Guides von **Paris Walks** geführte Stadtspaziergänge in englischer Sprache mit unterschiedlichen Schwerpunkten an: vom Paris Fashion Walk über Hemingway's Paris bis hin zu Medial Latin Quarter (Kosten 25 €, www.paris-walks.com). Auf dem Portal des Berliner Startups **GetYourGuide** werden auch Touren in deutscher Sprache per pedes durch den Pariser Großstadtdschungel angeboten (www.getyourguide.de).

Strom und Steckdose

In Frankreich verwendet man Steckdosen vom Typ E, die Netzspannung beträgt wie in Deutschland 230 V bei einer Frequenz von 50 Hz. Wer aus der Schweiz oder aus Liechtenstein nach Frankreich einreist, benötigt anders als Reisende aus Deutschland und Österreich einen Reisestecker-Adapter.

Telefon und Internet

Öffentliche Telefonzellen gibt es in Paris nicht mehr. Handys (»portable«, »mobile«) funktionieren problemlos. Seit Juni 2017 werden innerhalb der EU keine Roaming-Gebühren mehr erhoben, auch in Frankreich gilt also für deutsche Mobilfunkkunden der Inlandstarif. Tipps zum Mobiltelefonieren in Frankreich: www.teltarif.de/roaming/frankreich

Internationale Vorwahlen:
Frankreich 00 33
Deutschland 00 49
Österreich 00 43
Schweiz 00 41

In Cafés und Restaurants gibt es meist kostenloses **WLAN** (WiFi), auch in vielen Hotels fast immer kostenlos.

Trinkgeld

In Hotels und Restaurants sind 5–10 % des Rechnungsbetrags als Trinkgeld üblich, doch keineswegs für den Gast verpflichtend, denn Steuern und Bedienung sind eigentlich im Preis enthalten. Ein zufriedener Gast gibt jedoch nach eigenem Ermessen Trinkgeld. Dieses lässt man auf dem Tisch

Beste Aussicht(en) garantiert: Touristenschiff auf der Seine

oder Tresen liegen, nachdem man sein Wechselgeld erhalten hat.

Umgangsformen

Zielstrebiges Zusteuern auf einen freien Platz wird in Pariser Restaurants nicht gern gesehen: Gäste bekommen einen Tisch zugewiesen! Will man nur rasch ein Sandwich verspeisen, bietet sich auch der Tresen in einer Bar oder einem Café an – im Stehen isst und trinkt es sich billiger. Die Rechnung im Restaurant wird für alle am Tisch ausgestellt, Einzelabrechnungen sind unüblich.

Unterkunft und Hotels

Hotels

Preisniveau und Hotelauslastung sind hoch. Während die Zimmer der Luxusklasse pro Nacht ab 500 € aufwärts kosten, liegen die Preise für ein Doppelzimmer bei Mittelklassehotels zwischen 120 und 300 € pro Nacht. Das Frühstück ist oft nicht im Preis inbegriffen. Am einfachsten ist die Buchung über www.de.parisinfo.com/wo-schlafen-in-paris oder über www.hotelaparis.com. Eine kleine Auswahl empfehlenswerter Hotels finden Sie am Ende der Unterwegs-Kapitel.

Bed & Breakfast

Privatzimmer mit Frühstück vermittelt **Bed an Breakfast Paris** geordnet nach Stadtbezirken (de.bedandbreakfast.guide/paris)

Verkehrsmittel in der Stadt

Die **Pariser Verkehrsbetriebe** (RATP) unterhalten ein dichtes Netz von Metro-, RER-, Tram- und Buslinien. Kostenlose Linienpläne gibt es an den Hauptzugängen jeder Metrostation. Infos (auch in dt.) unter www.ratp.fr (App: ratp).

Metro

Die 14 Metrolinien verkehren von 5.30 bis 0.30 Uhr, Fr, Sa und vor Feiertagen bis ca. 1.30 Uhr. Jede Linie hat ihre eigene Nummer und Farbe. Beim Umsteigen orientiert man sich an den Endstationen der Linien, die dann den Weg zum richtigen Bahnsteig anzeigen. Das Einzelticket »ticket+« kostet 1,90 €, das Zehnerheft »Carnet« 14,90 und der »Pass Paris Visite« für 1, 2, 3 oder 5 Tage 12 und 38 €. Praktisch ist der »Passe Navigo Easy« (2 €), der das Nachladen von Tickets erlaubt und bald das Papierticket gänzlich ersetzen wird. Alle Metrolinien können mit einem Fahrschein bis zur Endstation benutzt werden, obwohl diese fast immer außerhalb des Autobahnrings (»Périphérique«) liegt.

RER

Mit den Zügen des »Réseau Express Régional« (RER) sind die wichtigsten Orte in der Île-de-France zu erreichen. Innerhalb von Paris kann man die 5 RER- Linien mit einem normalen Metroticket benutzen.

Bus und Straßenbahn (Tram)

Busse und Straßenbahnlinien verkehren werktags von 7–20.30 Uhr, viele sogar bis 0.30 Uhr, auch So und feiertags. Mit einem vorab gekauften »ticket+« ist mehrfaches Umsteigen innerhalb von 1,5 Std. gestattet (aber nur zwischen Bussen und Straßenbahnen).
Die Nachtbusse »Noctilien« verkehren zwischen 0.30 und 5.30 Uhr.

Fahrrad

Mit »Vélib'« stehen ca. 20 000 moderne Fahrräder an 1400 Verleihstationen

zur Verfügung. Der preisgünstige Service (Grundgebühr 5 € für 1 Tag, 20 € für 3 Tage, mit dem bis zu fünf Räder gleichzeitig entliehen werden können) ist für kurze Ausleihzeiten gedacht. Die ersten 45 Min. sind gratis, die nächsten 30 Min. kosten jeweils 1 € (www.velib-metropole.fr).
Mittlerweile stehen auch Elektroräder zur Auswahl.

Schiffsverkehr auf der Seine

Der reguläre Schiffsverkehr **Batobus** bedient neun Anlegestellen zwischen Eiffelturm und Jardin des Plantes, alle 20–30 Min. Tickets für ein oder zwei aufeinanderfolgende Tage kosten für beliebig viele Fahrten 17 bzw. 19 € (www.batobus.com, April–Sept. 10–21.30, sonst bis 19 Uhr und in längeren Intervallen).

Taxi

Taxis mit dem Leuchtschild **Taxi parisien**, von denen knapp 17 000 in der Stadt unterwegs sind, hält man am besten auf der Straße an. Sie nehmen drei Personen mit (nur auf der Rückbank!), für einen vierten Fahrgast (auf dem Beifahrersitz) muss ein Aufpreis bezahlt werden. Höhere Taxitarife gelten Mo–Sa von 19.30–7 Uhr, So und bei Fahrten aus dem Stadtbereich hinaus. Auch größeres Gepäck kostet extra. Zudem erwarten die Taxifahrer ein kleines Trinkgeld, was allerdings in der Regel 10 % des Fahrpreises nicht überschreiten sollte.
Taxis bestellen kann man bei **Paris Taxis,** Tel. 36 07 (www.g7.fr, App: G7) und bei **Taxis Bleus,** Tel. 01 84 60 24 04 (www.taxibleuparis.fr).
Konkurrierend zu den offiziellen Pariser Taxis können in Paris auch Wagen bei **FREE NOW** (App: FREE NOW), **Uber** (App: Uber) oder **LeCab** (App: LeCab) bestellt werden

Mietwagen und Carsharing

An Flughafen und Bahnhöfen sind alle internationalen Mietwagen-Anbieter präsent. Für Mitglieder bietet die ADAC Autovermietung günstige Konditionen an. Buchen kann man im Internet (adac.de/autovermietung) in allen ADAC Geschäftsstellen oder unter Tel. 089/76 76 20 99.

Zeitverschiebung

Frankreich liegt in derselben Zeitzone (MESZ) wie Deutschland, Österreich und die Schweiz. Es gibt also keinen Zeitunterschied zwischen diesen Ländern.

Zollbestimmungen

Reisebedarf für den persönlichen Gebrauch unterliegt innerhalb der EU keinen Beschränkungen und darf abgabenfrei eingeführt werden. **Richtmengen** für privaten Verbrauch: 800 Zigaretten (4 Stangen) oder 1 kg Tabak, 10 l Spirituosen, 10 l Alkopops, max. 90 l Wein, davon 60 l Schaumwein, 110 l Bier, 10 kg Kaffee (www.zoll.de, App: Zoll und Reise, Österreich: www.bmf.gv.at/zoll).
Bei der **Einreise in die Schweiz** bleiben zollfrei: 200 Zigaretten oder 50 Zigarren oder 250 g Tabak, 2 l alkoholische Getränke bis 15 % und 1 l Spirituosen über 15 % (für Personen ab 17 Jahren), andere Waren bis zu einem Gesamtwert von 300 CHF (bei Einreise von der Schweiz in die EU 300 €, für Flugreisende 430 €). Die Schweiz beschränkt auch die Mitnahme von Lebensmitteln (www.ezv.admin.ch, App: Reise und Waren).

Die Geschichte von Paris

3. Jh. v. Chr. Der keltische Stamm der Parisii siedelt auf der Île de la Cité.

52 v. Chr. Die Römer erobern Gallien und gründen Lutetia, das spätere Paris.

Um 250 Martyrium des hl. Dionysius (St-Denis), erster Bischof der Stadt, am Montmartre-Hügel.

508 Der erste christliche Frankenkönig Chlodwig (Clovis) macht Paris zur Hauptstadt seines Reichs.

1180–1223 Unter Philipp II. August wird Paris Hauptstadt Frankreichs.

1420–1436 Paris fällt während des Hundertjährigen Krieges an die Engländer.

24. August 1572 In der Bartholomäusnacht werden Tausende von Protestanten ermordet.

1593 Der protestantische Heinrich IV. tritt zum Katholizismus über und wird der erste Bourbonen-König Frankreichs.

1682 Ludwig XIV. zieht mit dem gesamten Hofstaat zum neuen Regierungssitz Versailles.

14. Juli 1789 Mit dem berühmten Sturm auf die Bastille beginnt die Französische Revolution.

21. Januar 1793 Hinrichtung Ludwigs XVI. auf der Place de la Concorde.

9. November 1799 Napoleon Bonaparte ernennt sich zum ersten Konsul der französischen Republik.

2. Dezember 1804 Napoleon I. krönt sich selbst in Notre-Dame zum Kaiser.

1848 Die Februarrevolution bringt Louis- Napoleon Bonaparte, den Neffen Napoleons I., an die Staatsspitze. Durch einen Staatsstreich wird er im Jahr 1851 zu Kaiser Napoleon III.

1852–1870 Mit seinem Präfekten Georges-Eugène Haussmann betreibt Napoleon III. die städtebauliche Umgestaltung von Paris.

1870/1871 Der Deutsch-Französische Krieg endet mit einer Niederlage Frankreichs.

1940–1944 Die deutsche Wehrmacht besetzt die Stadt. Entgegen der Anordnung Hitlers wird Paris nicht zerstört, und die Alliierten übernehmen die Stadt am 25. August 1944.

Mai 1968 Die Studentenrevolte in Paris löst eine schwere Staatskrise aus.

2005 In den Vorstädten (»banlieues«) von Paris brandet eine Welle der Gewalt gegen die Arroganz der Macht in der Innenstadt auf. Der nationale Ausnahmezustand wird verkündet.

2007 Nicolas Sarkozy von den Gaullisten (UMP) wird Staatspräsident.

2012 François Hollande von der Sozialistischen Partei (PS) wird neuer Staatspräsident.

2013 Mit den »Berges de la Seine« wird das linke Seine-Ufer zu einer autofreien Flaniermeile.

7. Januar 2015 Islamistische Terroristen töten zwölf Mitarbeiter der Satirezeitschrift »Charlie Hebdo«.

13. November 2015 Terroristen ermorden 130 Menschen im Konzertsaal Bataclan und mehreren Restaurants.

2017 Emmanuel Macron, Gründer der Bewegung »La République en Marche!«, wird neuer Staatspräsident. Seine Partei erzielt bei den Parlamentswahlen die absolute Mehrheit.

2019 Protestierende der »gilets jaunes« (Gelbwesten) prangern Sparmaßnahmen und höhere Steuern an. Es kommt zu schweren Gewaltausbrüchen.

2022 Präsident Macron tritt zu einer zweiten Amtszeit an, aber ohne Mehrheit in der Nationalversammlung regiert es sich zunehmend schwerer.

Französisch für die Reise

Das Wichtigste in Kürze

Ja/Nein	*Oui/Non*
Bitte/Danke	*S'il vous plaît/Merci*
Hallo!/Auf Wiedersehen!	*Salut !/Au revoir !*
Guten Morgen!/Guten Tag!	*Bonjour !*
Guten Abend!/Gute Nacht!	*Bonne nuit !*
Mein Name ist ...	*Je m'appelle ...*
Entschuldigung!	*Pardon !/Excuse(z)-moi !*
Achtung!/Vorsicht!	*Attention !*
Ich verstehe Sie nicht.	*Je ne vous comprends pas.*
Wie viel kostet das?	*Cela coûte combien ?*
Damen/Herren	*femmes/hommes*
geöffnet/geschlossen	*ouvert/fermé*
gestern/heute/morgen	*hier/aujourd'hui/demain*
Wie viel Uhr ist es?	*Quelle heure est-il ?*
Wo ist ...?	*Où se trouve ... ?*
Wie weit ist ...?	*A quelle distance d'ici se trouve-t-il ?*
Ist das der Weg nach ...?	*Est-ce que c'est le chemin pour ... ?*
Nord/Süd/West/Ost	*nord/sud/ovest/est*
Ich möchte ...	*Je voudrais ...*
Die Rechnung, bitte	*L'addition, s'il vous plaît*
Restaurant	*restaurant*
Auto	*voiture*
Super/bleifrei/Diesel	*super/sans plomb (=SP)/gasoil*
Tankstelle	*station d'essence*
Panne	*panne*
Hilfe!	*Au secours !*
Fahrrad	*bicyclette*
Bahnhof	*gare*
Busbahnhof	*gare de bus*
Flughafen	*aéroport*
Ausweis	*carte d'identité*
Bank/Geldautomat	*banque/distributeur de billets*
Arzt	*médecin*
Apotheke	*pharmacie*
Lebensmittelgeschäft	*épicerie*
Tourismusbüro	*office de tourisme*

Wochentage

Montag	*lundi*
Dienstag	*mardi*
Mittwoch	*mercredi*
Donnerstag	*jeudi*
Freitag	*vendredi*
Samstag	*samedi*
Sonntag	*dimanche*

Zahlen

1	*un*	8	*huit*
2	*deux*	9	*neuf*
3	*trois*	10	*dix*
4	*quatre*	11	*onze*
5	*cinq*	12	*douze*
6	*six*	100	*cent*
7	*sept*	1000	*mille*

Hinweise zur Aussprache

ai	wie ›ä‹, Bsp.: lait
au	wie ›o‹, Bsp.: auto, gauche
eu	wie ›ö‹, Bsp.: peu, deux
ou	wie ›u‹, Bsp.: rouge
ue	wie ›ü‹, Bsp.: rue, avenue
c	vor ›e‹ und ›i‹ wie ›s‹, Bsp.: ce, cide
c	vor ›a‹ und ›o‹ wie ›k‹, Bsp.: cabinet, compagnie
ch	wie ›sch‹ Bsp.: chips
h	am Wortanfang ist immer stumm, Bsp.: hommage
g	vor ›e‹ und ›i‹ wie ›dsch‹, Bsp.: gentille, gilet
gn	wie ›nj‹, Bsp.: cognac, agneau
p, s, t	am Wortende meist stumm, Bsp.: trop, très, mot
-tion	bei dieser Silbe ›t‹ wie ›s‹, Bsp.: nation
q, qu	wie ›k‹, Bsp.: coq, qui
v	wie ›w‹, Bsp.: vie
z	wie ›s‹, Bsp.: zéro

Alle Blickpunkt-Themen in diesem Band:

Register

Bildnachweis

Titel: Blick auf Seine und Eiffelturm
Foto: **Getty Images** (Pascal Kiszon)
Rücktitel: links: **seasons.agency** (GourmetPictureGuide); rechts: **Jahreszeiten Verlag** (Marion Beckhäuser)

Fotolia: aterrom 18/19 – **Getty Images:** Pawel Libera 7.1; John/Sones 10.1; Bernard Jaubert/Photographer's Choice 14/15 – **Hôtel Henriette:** 70 – **Huber Images:** Francesco Carovillano 2/3; Alessandro Saffo 25; Kremer 83; Francesco Carovillano 133 – **imago:** Panoramic 34 – **Jahreszeiten Verlag:** 125 – **laif:** Pierre Adenis 2; Sylvain Sonnet/hemis 54; Christian Guy/hemis-fr 63; Denis Allard/REA 84; William Beaucardet/REA 96/97; Sebartien Ortola/REA 110; Jean Heintz/hemis.fr 127 – **Lookphotos:** Tina und Horst Herzig 6/7; Franz Marc Frei 8/9 – **Mauritius Images:** Paul Quayle/Alamy 11.2; imageimage/Alamy 12.2; Rainer Mirau 22; Tuul und Bruno Morandi/Alamy 48; Claudia Beretta/Alamy 66; Christophe Lehenaff/Photononstop 75; Lemaire Stéphane/Hemis.fr 91; eddie linssen/Alamy 144 – **offparisseine.com:** 111 – **seasons.agency:** Natalie Kriwy/Jalag 12.1, 81; Marion Beckhäuser/Jalag 26/27, 60 – **Shutterstock:** Wirestock Creators 3.1; Takashi Images 7.2; Luciano Mortula 9; VanderWolf Images 10.2; Tupungato 11.1; pio3 11.3; EQRoy 12.3, 29, 106; VLADJ55 13.1; Zoran Karapancev 17; Sira Anamwong 21; Malcangi Valentina 30; David Ionut 33; Alexandra Lande 36/37; S-F 41; Felix Lipov 42, 73.2; apas77 44; Petr Kovalenkov 45; MarinaDa 51.1; Christian Mueller 51.2, 62, 103; Bill Perry 51.3; JamesHou 52/53; ninopavisic 56; Brian Kinney 58; Wyatt Rivard 64; Terence Wong 73.1; Kiev.Victor 76/77, 88; gary yim 78; neirfy 79; Michael R. Evans 80; chrisdorney 87; Vereshchagin Dmitry 95; Arcady 100; akashi Images 113.1, 113.2, 114/115; Sergey Novikov 118; Renata Sedmakova 119; Efired 126 – **stock.adobe.com:** foxytoul 3.2; Andrea Izzotti 105

© 2023 GRÄFE UND UNZER VERLAG GmbH,
Postfach 86 03 66, 81630 München

ADAC

Markenlizenz der ADAC Medien und
Reise GmbH, München

ISBN 978-3-98645-043-4

1. Auflage 2023

Autor: Jonas Fieder
Redaktion: Juliane Helf,
Susanne Kronester-Ritter
Lektorat: Rosemarie Elsner
Satz: Nadine Thiel, Baldham
Bildredaktion: Dr. Nafsika Mylona
Reihengestaltung: Eva Stadler, München;
Independent Medien Design, Horst Moser,
München
Kartografie: Kunth Verlag GmbH & Co. KG,
München, Huber Kartographie GmbH,
www.kartographie.de
Herstellung: Felix Robitsch, Mendy Willerich
Druck und Bindung: Drukarnia Dimograf
Sp z o.o. (Polen)

GRÄFE UND UNZER

Ein Unternehmen der
GANSKE VERLAGSGRUPPE

Wichtiger Hinweis
Die Daten und Fakten für dieses Werk wurden mit äußerster Sorgfalt recherchiert und geprüft. Wir weisen jedoch darauf hin, dass diese Angaben häufig Veränderungen unterworfen sind und inhaltliche Fehler oder Auslassungen nicht völlig auszuschließen sind, zumal zum Zeitpunkt der Drucklegung die Auswirkungen von Covid-19 auf das Hotel- und Gastgewerbe vor Ort noch nicht vollständig abzusehen waren. Für eventuelle Fehler oder Auslassungen können Gräfe und Unzer, die ADAC Medien und Reise GmbH sowie deren Mitarbeiter und die Autoren keinerlei Verpflichtung und Haftung übernehmen. Alle Inhalte im Buch wenden sich an und gelten für alle Geschlechter (w/m/d). Soweit grammatikalisch männliche, weibliche oder neutrale Personenbezeichnungen verwendet werden, dient dies allein der besseren Lesbarkeit.

Ansprechpartner für den Anzeigenverkauf:
KV Kommunalverlag GmbH & Co. KG,
MediaCenter München, Tel. 089/928 09 60

Bei Interesse an maßgeschneiderten B2B-Produkten:
b2b-kontakt@graefe-und-unzer.de

Leserservice
GRÄFE UND UNZER Verlag
Grillparzerstraße 12
81675 München
www.graefe-und-unzer.de

Umwelthinweis
Nachhaltigkeit ist uns sehr wichtig. Der Rohstoff Papier ist in der Buchproduktion hierfür von entscheidender Bedeutung. Daher ist dieses Buch auf PEFC-zertifiziertem Papier gedruckt. PEFC garantiert, dass ökologische, soziale und ökonomische Aspekte in der Verarbeitungskette unabhängig überwacht werden und lückenlos nachvollziehbar sind.

Unterwegs in Paris

An Bord einer »Ente«

Citroëns Kultauto 2CV ist fast ganz aus dem Pariser Straßenbild verschwunden, aber zum Glück gibt es »Paris Authentic«. Mehrstündige Stadtrundfahrten werden in diesem nostalgischen Gefährt zum großen Erlebnis. Bei Sonnenschein sorgt das Rolldach für Cabriostimmung.

■ siehe Details S. 31

Tuktuk

Nun weht auch ein Hauch des Fernen Ostens durch Paris. Vor allem an sonnigen Tagen kann man sich im Tuktuk »entschleunigt« durch den brodelnden Verkehr kutschieren lassen. Und für Fotostopps bleibt auch immer genügend Zeit.

■ siehe Details S. 24

Segway

Ein wenig Geschick braucht es schon – dann aber ist es ein Erlebnis, leise mit dem Segway durch Paris zu gleiten. Sogar spezielle Segway-Touren mit ortskundigen Führern, die die wichtigsten Sehenswürdigkeiten ansteuern, werden angeboten.

■ Tel. 07 78 66 17 45, www.segwaytour.com

Flaniermeile Seine-Ufer

Die Autofahrer stöhnen natürlich, seit die Pariser Oberbürgermeisterin die einstige ampellose Schnellstraße am Seine-Ufer der Rive Droite zwischen Tuilerien und Quai Henri IV gesperrt hat. Jetzt gehört den Fußgängern und Joggern, Radfahrern und Skatern der Asphalt: »Mobil unterwegs aus eigener Kraft«, lautet nun das Motto – und die Ausblicke auf die beiden Seine-Inseln sind wirklich etwas ganz Besonderes …

Reisen in Corona-Zeiten

Liebe Leserin, lieber Leser, durch die langen pandemiebedingten Einschränkungen im Hotel- und Gastronomiegewerbe können wir nicht ausschließen, dass einige der im Buch empfohlenen Adressen zum Zeitpunkt Ihrer Reise nicht mehr aktuell sind. Wenn Sie trotz unserer Bemühungen um Aktualität eine solche Adresse finden, teilen Sie uns diese bitte mit. Wir belohnen jede in die nächste Auflage aufgenommene Korrektur mit **einem kostenlosen Reiseführer Ihrer Wahl**. Zuschriften bitte an: adac@graefe-und-unzer.de